APRENDIZAGEM BASEADA EM PROBLEMAS (PBL)

O GEN | Grupo Editorial Nacional – maior plataforma editorial brasileira no segmento científico, técnico e profissional – publica conteúdos nas áreas de ciências sociais aplicadas, exatas, humanas, jurídicas e da saúde, além de prover serviços direcionados à educação continuada e à preparação para concursos.

As editoras que integram o GEN, das mais respeitadas no mercado editorial, construíram catálogos inigualáveis, com obras decisivas para a formação acadêmica e o aperfeiçoamento de várias gerações de profissionais e estudantes, tendo se tornado sinônimo de qualidade e seriedade.

A missão do GEN e dos núcleos de conteúdo que o compõem é prover a melhor informação científica e distribuí-la de maneira flexível e conveniente, a preços justos, gerando benefícios e servindo a autores, docentes, livreiros, funcionários, colaboradores e acionistas.

Nosso comportamento ético incondicional e nossa responsabilidade social e ambiental são reforçados pela natureza educacional de nossa atividade e dão sustentabilidade ao crescimento contínuo e à rentabilidade do grupo.

FÁBIO **FREZATTI** DANIEL MAGALHÃES **MUCCI**
DAIANA BRAGUETO **MARTINS** PAULO ADEILDO **LOPES**

APRENDIZAGEM BASEADA EM PROBLEMAS (PBL)

Uma solução para a aprendizagem na área de negócios

Os autores e a editora empenharam-se para citar adequadamente e dar o devido crédito a todos os detentores dos direitos autorais de qualquer material utilizado neste livro, dispondo-se a possíveis acertos caso, inadvertidamente, a identificação de algum deles tenha sido omitida.

Não é responsabilidade da editora nem dos autores a ocorrência de eventuais perdas ou danos a pessoas ou bens que tenham origem no uso desta publicação.

Apesar dos melhores esforços dos autores, do editor e dos revisores, é inevitável que surjam erros no texto. Assim, são bem-vindas as comunicações de usuários sobre correções ou sugestões referentes ao conteúdo ou ao nível pedagógico que auxiliem o aprimoramento de edições futuras. Os comentários dos leitores podem ser encaminhados à **Editora Atlas Ltda.** pelo e-mail faleconosco@grupogen.com.br.

Direitos exclusivos para a língua portuguesa
Copyright © 2018 by
Editora Atlas Ltda.
Uma editora integrante do GEN | Grupo Editorial Nacional

Reservados todos os direitos. É proibida a duplicação ou reprodução deste volume, no todo ou em parte, sob quaisquer formas ou por quaisquer meios (eletrônico, mecânico, gravação, fotocópia, distribuição na internet ou outros), sem permissão expressa da editora.

Rua Conselheiro Nébias, 1384
Campos Elísios, São Paulo, SP – CEP 01203-904
Tels.: 21-3543-0770/11-5080-0770
faleconosco@grupogen.com.br
www.grupogen.com.br

Designer de capa: Caio Cardoso
Imagem da capa: Rawpixel/iStockphoto
Editoração Eletrônica: Caio Cardoso

CIP-BRASIL. CATALOGAÇÃO NA PUBLICAÇÃO
SINDICATO NACIONAL DOS EDITORES DE LIVROS, RJ

A661

Aprendizagem baseada em problemas (PBL) : uma solução para aprendizagem na área de negócios / Fábio Frezatti ... [et al.]. – 1. ed. – São Paulo : Atlas, 2018.
23 cm.

Inclui bibliografia
ISBN 978-85-97-01788-5

1. Negócios. 2. Aprendizagem organizacional. 3. Aprendizagem baseada em problemas. I. Frezatti, Fábio.

18-50722   CDD: 658.3124
                                                                              CDU: 005.963.1

Meri Gleice Rodrigues de Souza – Bibliotecária CRB-7/6439

SOBRE OS AUTORES

FÁBIO FREZATTI é bacharel e mestre em Administração de Empresas, doutor em Controladoria e Contabilidade, livre-docente e professor titular pela FEA USP. Pesquisador do CNPq, FIPECAFI e EAC FEA USP, desenvolve trabalhos nas áreas de planejamento, controle gerencial, avaliação de empresas, BSC, projetos de investimentos e teorias organizacionais. Foi executivo em posições de gerência e diretoria em empresas multinacionais. Autor dos livros *Orçamento empresarial – planejamento e controle gerencial, Gestão de valor na empresa, Gestão da viabilidade econômico-financeira de projetos de investimento.* Coautor do livro *Controle gerencial.* Apresentou trabalhos em congressos internacionais em vários países, dentre os quais, Estados Unidos, França, Portugal, Itália, Bélgica, Tailândia, Argentina, África do Sul, Canadá, México, Turquia, Japão, China, Eslovênia, Estônia, Chile, Colômbia, Escócia, Espanha e Brasil.

Dentre as atividades executivas desempenhadas, destacam-se: executivo financeiro, como gerente e diretor financeiro de empresas multinacionais, diretor administrativo da FIPECAFI, diretor de pesquisas da FIPECAFI, primeiro presidente da ANPCONT, membro do *board* do International Accounting Association for Education and Research como VP at Large Brazil, primeiro representante da América do Sul e Caribe no board da European Accounting Association. Editor-Chefe da revista *Contabilidade & Finanças*. Vice-Presidente da Comissão de Orçamento e Patrimônio da Universidade de São Paulo.

DAIANA BRAGUETO MARTINS é bacharel em Ciências Contábeis pela UNOPAR, graduada em Letras pela Universidade Estadual de Londrina (UEL), especialista em Contabilidade e Controladoria Empresarial pela UEL, Mestre em Contabilidade pela UFPR e Doutoranda do programa de pós-graduação em Controladoria e Contabilidade na FEA/USP. Professora do Departamento de Ciências Contábeis da Universidade Estadual de Londrina. Possui experiência na área de Ciências Contábeis atuando como empresária do setor contábil. Autora do livro *Problem based learning – PBL no ensino de contabilidade: guia orientativo para professores e estudantes da nova geração* e coautora do capítulo "Receitas, despesas, ganhos, perdas e lucros" no livro *Teoria da contabilidade financeira*. Participa dos Grupos de Pesquisas intitulados Pesquisas em Práticas Gerenciais e *Problem-based Learning* (PBL) em controle gerencial (FEA/USP). Desenvolve pesquisas nas áreas de contabilidade gerencial, controle gerencial, resiliência organizacional, *Problem-based Learning*, competências do contador e educação contábil. Autora de artigos acadêmicos publicados em periódicos nacionais e internacionais.

DANIEL MAGALHÃES MUCCI é bacharel em Administração pela UFJF, mestre e doutor em Controladoria e Contabilidade pela FEA/USP, e Ph.D. em Economia Aplicada pela Universidade da Antuérpia (duplo diploma). Atualmente, é professor visitante do Departamento de Ciências Contábeis e do Programa de Pós-Graduação de Ciências Contábeis da Universidade Regional de Blumenau (FURB). Participa do Laboratório de Pesquisa sobre Práticas Gerenciais da FEA/USP e desenvolve pesquisas nas áreas de orçamento empresarial, controle gerencial, gestão financeira e empresas familiares. Autor de artigos acadêmicos publicados em revistas brasileiras e apresentados em conferências nacionais e internacionais. Apresentou trabalhos em congressos no Brasil, na Bélgica, na Escócia e na Espanha.

PAULO ADEILDO LOPES possui Formação Tecnóloga em Projeto de Arquitetura pelo CEMC, Engenharia Civil pela UEL, Especialização em Teoria e em Ensino de Arquitetura e Urbanismo, mestrado em Arquitetura e Urbanismo – área de concentração Estruturas Ambientais Urbanas e Doutorado em Arquitetura e Urbanismo – área de concentração Tecnologia da Arquitetura pela Universidade de São Paulo. Fundador e Coordenador do Curso de Engenharia Civil da UNIFIL (2008 a 2013). Professor em cursos de Arquitetura e Urbanismo e Engenharia Civil por mais de 20 anos. Atualmente, é professor e membro do Colegiado do Curso de Engenharia Civil da UEL. Tem experiência nas seguintes áreas: tecnologia da construção, valor de mercado (com aproximadamente 950 serviços prestados à Caixa Econômica Federal), avaliação pós-ocupação, níveis da satisfação, habitações populares, avaliação de desempenho, condomínios horizontais, loteamentos fechados, ensino e aprendizagem. Possui 22 homenagens por destaque profissional, entre elas distinção nas conclusões do mestrado e do doutorado e Reconhecimento do Curso de Engenharia Civil da UNIFIL pelo CONAES – MEC com perfil de qualidade EXCELENTE (Conceito Máximo 5). Participou de bancas examinadoras de graduação, de especialização, de mestrado e de doutorado. Orientou monografias de especialização, trabalhos de conclusão de curso de graduação e trabalhos de iniciação científica. Perito Judicial Estadual e Federal em diversas nomeações envolvendo engenharia civil. Experiência em projeto, execução e fiscalização de obras públicas e privadas. Membro do Grupo de Pesquisa em Geologia do CNPq, certificado pela UEL.

APRESENTAÇÃO

Este livro tem por objetivo oferecer para a comunidade um trabalho que possa colaborar para a praticidade do ensino na área de negócios e a efetividade da aprendizagem dentro de seu devido contexto. O envolvimento e o entusiasmo que as metodologias ativas de ensino trazem para o grupo de pesquisadores constituem um mecanismo suficientemente forte para que mais um projeto fizesse parte de nossas vidas. Cada vez mais, tornam-se parte integrante do ambiente educacional e profissional das pessoas, e a grande dificuldade consiste em transformar abordagens conceituais em aprendizado efetivo.

Com essa motivação, estruturamos um livro que pretende contribuir e inovar na combinação educacional e utilização profissional, com as seguintes características:

1. **Direcionar o foco para a área de negócios**

    Particularmente, o *Problem-based Learning* (PBL) pode ser utilizado em várias áreas do conhecimento, mas as peculiaridades de aplicação não podem ser ignoradas sob pena de perda de eficácia. Dessa maneira, independentemente do nome do curso de graduação ou de especialização, a lógica de aplicação se volta para as organizações, sejam privadas, públicas, com ou sem fins lucrativos. Com isso, a abordagem tem como pano de fundo os cursos de administração, ciências contábeis, economia, engenharia e sistemas de informações, entre outros.

    Uma vez que a abordagem se propõe a ser prática, o livro também se presta a ser utilizado pelas organizações para tratamento de seus problemas e demandas por mudanças na maneira de lidar com os problemas e solucioná-los.

2. **Atender a vários públicos do ponto de vista institucional**

    Percebemos que os interesses quanto às metodologias ativas podem ser segmentados nas instituições em relação ao foco de atuação, seja nos cursos de graduação ou pós-graduação.

Direcionamentos para essas abordagens foram considerados em algum momento na estrutura do livro.

3. Atender a vários públicos demandantes de uma abordagem prática

O livro pode ser útil para uma instituição de ensino que pretenda direcionar suas ações para uma abordagem crescentemente prática e que queira estruturar a lógica incluindo-a parcialmente, como disciplina **inseridora** de conceitos ou como **integradora** de conhecimentos. Por outro lado, pode ser útil para o docente que, por interesse em ajustar disciplinas que ministra para uma abordagem mais direcionada para o aluno, paulatinamente altera sua abordagem, por exemplo, em uma disciplina optativa.

Além disso, é útil ao executivo que deseja implantar uma metodologia para o tratamento de problemas dentro de sua organização, em complemento ao que aprendeu ou por interesse em organizar o processo de solução desses problemas e em estimular o desenvolvimento de competências nos colaboradores da organização.

4. Proporcionar uma visão geral da abordagem metodológica que permita criar raízes nas instituições

Muitos projetos de modernização do ensino não se desenvolvem de maneira e com a velocidade desejada em virtude da falta de visão de conjunto, em que se ignoram as necessidades a atender e falta de percepção da complexidade da mudança.

Estruturamos o livro para que os interessados percebam os vários elementos requeridos, alguns ligados às pessoas, outros ao mercado, às estruturas conceitual e física e àqueles associados às decisões estratégicas das organizações.

5. Ser utilizada de maneira completa ou parcial, imediata ou paulatina

Uma vez entendida a visão geral, é possível que a implantação da abordagem e/ou ajustes nos casos de experiência prévia com a utilização de alguma das vertentes do PBL seja imediata ou paulatina, completa ou parcial. Não é trivial, no ambiente docente, uma mudança significativa na estrutura educacional, e a variável tempo sempre terá uma implicação relevante.

6. Combinar abordagens conceituais, prática e pesquisa

Muito tem sido dito e escrito sobre educação, mas nem sempre a operacionalização tem sido tratada com o mesmo entusiasmo.

A equipe de autores tem se voltado para o tema PBL, vivenciando tanto as dificuldades práticas como as oportunidades, em diferentes ambientes e situações, durante vários anos, combinando abordagem conceitual, pesquisas e aplicações em salas de aula e em organizações.

APRESENTAÇÃO

Como consequência, a proposta que demandou anos de estudo e prática busca alternativas que viabilizem o dimensionamento prático e que possam ser duradouras e aperfeiçoadas no ambiente das organizações.

Além do livro propriamente dito, serão oferecidos materiais como orientações para questões práticas em *sites* institucionais.

Os conteúdos foram projetados de maneira a conter certa lógica de relacionamento e interação:

- **Sensibilização:** é a forma como se coloca a demanda por uma abordagem ativa e seu histórico.
- **Estruturas:** evidenciar que uma abordagem conceitual não é algo isolado e solto no ambiente das instituições, e, sem os devidos cuidados, não prosperará. Nesse aspecto, tanto questões conceituais como físicas e institucionais são tratadas.
- **Fator humano:** o PBL lida com pessoas, tanto se referindo a alunos quanto a professores e executivos, e seus pontos de vista e perspectivas devem ser tratados.
- **Mecanismos de operacionalização:** são os elementos demandados no processo e permitem a eficiência da metodologia.

O livro pode ser lido do modo tradicional, pela sequência de capítulos ou mesmo direcionado para os principais interesses. Assim, tendo em vista facilitar o entendimento do "roteiro", a Figura A.1 indica os conteúdos e seus objetivos dentro do conjunto dos capítulos do livro:

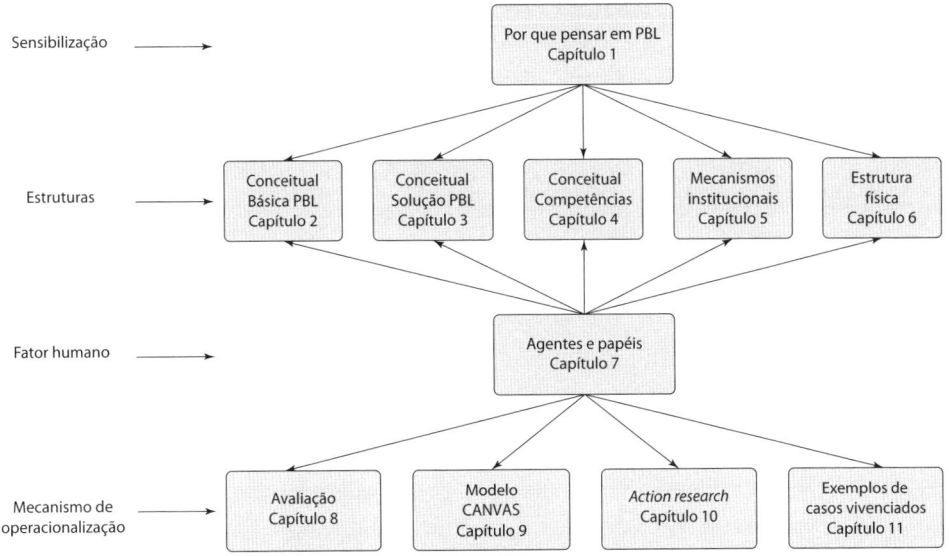

Figura A.1. Interação dos capítulos.

APRESENTAÇÃO

A sequência de capítulos apresenta, após a perspectiva de **sensibilização** para o uso de metodologia ativa, a lógica de ter os elementos que proporcionam **estruturas** às disciplinas, sejam conceituais, físicos ou institucionais. Na sequência, fundamental ao sucesso de qualquer projeto, a discussão do **fator humano**, ou seja, a interação das pessoas com o modelo. Finalmente, são apresentados mecanismos que interferem na **operacionalização** do conjunto e que podem, além de viabilizar, aperfeiçoar o processo.

Com relação aos capítulos, seus conteúdos são os seguintes:

Capítulo 1. Por que pensar em PBL

O título não tem ponto de interrogação e pretende mostrar a conveniência e necessidade de dispor de enfoque prático das abordagens ativas na área de negócios.

Capítulo 2. Estrutura conceitual – básica do PBL

Apresenta os elementos fundamentais do PBL: contexto, problema e hipótese. Com isso, o leitor entende os elementos básicos da metodologia e como estes se integram.

Capítulo 3. Estrutura conceitual – solução PBL

O modelo utilizado para a solução do problema visa tornar a discussão e a decisão objetivadas. Dessa maneira, foi separado do Capítulo 2 e proporciona um mecanismo que viabiliza a discussão de modo estruturado.

Capítulo 4. Estrutura conceitual – competências

O uso dos conceitos de competências tem por objetivo otimizar o desenvolvimento de uma metodologia que tem no grupo de trabalho, na equipe, a alavanca de seu sucesso e eficiência. Além de valorizado nas empresas, é intrínseco ao emprego da metodologia.

Capítulo 5. Mecanismos institucionais

Os instrumentos institucionais, PPI, PDI e PPP, são mecanismos encontrados nas instituições de ensino e abrigam as diferentes disciplinas, dosando a maneira como proporcionam o avanço da aprendizagem e do desenvolvimento dos alunos. Em algum momento, as ementas e os programas das disciplinas são estruturados e definidos dentro da sequência entendida como a mais adequada. A discussão do PBL dentro dessas dimensões proporciona estabilidade e legitimidade no longo prazo.

Capítulo 6. Estrutura física

Muito embora não seja o grande gargalo para o uso, dependendo do tipo de curso presencial, alguns elementos da estrutura física podem influir no desempenho dos alunos e deveriam ser considerados algo relevante a ser preservado.

Capítulo 7. Agentes e papéis

A metodologia envolve professores e alunos nos focos de mudança, em diferentes dimensões e impacto quanto a exposição. Assim, preparação, orientação e *feedback* são fundamentais para o sucesso.

Capítulo 8. Avaliação nos projetos PBL

Não se considera que a avaliação estrita de conhecimentos, pela ótica da abordagem tradicional, seja o aspecto forte do PBL. Assim, adaptações ao processo de avaliação e *feedback* devem ser pensados.

Capítulo 9. Modelo CANVAS

O mecanismo pode colaborar de três maneiras diferentes para o uso do PBL: como modo de caracterizar o contexto, como forma de operacionalizar a abordagem em termos de contexto, problema e hipóteses, e ainda como apoio aos docentes para o desenvolvimento de uma disciplina com a abordagem PBL.

Capítulo 10. *Action Research*

É um mecanismo relevante para o processo de implementação da abordagem PBL, especificamente dentro da perspectiva *Project-based Learning*. De qualquer forma, sua utilização amplia a visão de possibilidades e papéis do aluno.

Capítulo 11. Exemplos de casos vivenciados

Modelos sempre são relevantes para exemplificação, com o objetivo de facilitar o entendimento dos leitores. É isso que é feito neste capítulo.

Esperamos que este livro seja um propulsor de oportunidades nas empresas e nos bancos escolares físicos e remotos.

Fábio Frezatti – frezatti@usp.br
Daiana Bragueto Martins – daiana@uel.br
Daniel Magalhães Mucci – danielmmucci@gmail.com
Paulo Adeildo Lopes – pauloalopes@uel.br

AGRADECIMENTOS

Aos colegas docentes, discentes e demais funcionários que contribuíram de forma direta ou indireta para a elaboração desta obra, que aborda principalmente as experiências dos autores dentro das seguintes Instituições de Ensino Superior: Faculdade de Economia, Administração e Contabilidade da Universidade de São Paulo (FEA-USP), Departamento de Contabilidade e Departamento de Geociências da Universidade Estadual de Londrina (UEL), Universidade Regional de Blumenau (FURB) e o Centro Universitário Filadélfia (UNIFIL).

Às nossas famílias, que nos apoiaram e, mesmo sentindo a nossa falta em função da dedicação a esta obra, nos lançaram olhares de apoio e de carinho para nos incentivar nesta jornada.

Ao nosso Poderoso Deus, que nos abençoou com paciência, saúde e sabedoria para concluirmos esta obra.

A Eliete, Bianca, Daniel, Maria Claudete, Valdemir, Pietro, Josephina (*in memoriam*), Aurino (*in memoriam*), Paulo, Berenice e Marcela.

O nosso muito obrigado!

Os Autores

SUMÁRIO

Capítulo 1
POR QUE PENSAR EM PBL, 1
1.1. Motivações de um professor, 2
1.2. No que consiste o PBL?, 7
1.3. Um pouco de história, 9
1.4. Prós e contras na comparação com abordagens tradicionais, 10
1.5. Como usar, 17

Capítulo 2
ESTRUTURA CONCEITUAL BÁSICA DO PBL, 21
2.1. Visão geral, 22
2.2. Contexto, 22
2.3. Problema, 24
2.4. Como avaliar e dispor de um "bom" problema, 28
2.5. Alguns exemplos de "bons" problemas, 33
2.6. Hipótese, 35
2.7. Preparação inicial ao PBL: ações individuais e institucionais, 37
2.8. Como usar, 38

Capítulo 3
ESTRUTURA CONCEITUAL – SOLUÇÃO PBL, 41
3.1. Integração de elementos, 42
3.2. Das definições para as soluções, 42
3.3. Os tipos de PBL, 48
3.4. Como usar, 52

SUMÁRIO

Capítulo 4
ESTRUTURA CONCEITUAL – COMPETÊNCIAS, 55

4.1. As competências no mundo dos negócios, 56
4.2. Conhecimentos, habilidades e atitudes: CHA, 57
4.3. Quais habilidades e atitudes evidenciar, 61
4.4. Como usar, 64

Capítulo 5
MECANISMOS INSTITUCIONAIS, 67

5.1. Ambiente educacional, 68
5.2. Ambiente institucional, 69
5.3. Diversos mecanismos e a sua integração, 71
5.4. Elementos relacionados com o currículo, 74
5.5. Considerações pedagógicas, 76
5.6. Mecanismos, 78
5.7. Como usar, 84

Capítulo 6
ESTRUTURA FÍSICA, 85

6.1. Abrangência do tema, 86
6.2. Tipos de estrutura de salas e de mobiliário, 86
6.3. Como usar, 92

Capítulo 7
AGENTES E PAPÉIS, 93

7.1. Visão geral, 94
7.2. O aluno, 94
7.3. O professor, 96
7.4. Os vários papéis na atividade do grupo, 99
7.5. Critérios para definição dos grupos, 100
7.6. Como usar, 101

Capítulo 8
AVALIAÇÃO NOS PROJETOS PBL, 103

8.1. Para que fazer avaliação?, 104
8.2. Avaliação em uma disciplina baseada no PBL, 105
8.3. Avaliação dos elementos do CHA, 108
8.4. Instrumentos avaliativos das habilidades e atitudes, 109
8.5. Como usar, 113

Capítulo 9
MODELO CANVAS, 115

9.1. O que é, 116
9.2. Estruturação do modelo, 117
9.3. Possíveis benefícios para os projetos PBL, 118
9.4. Possíveis benefícios para o desenvolvimento de uma disciplina com a abordagem PBL, 120
9.5. Como usar, 122

Capítulo 10
ACTION RESEARCH, 123

10.1. O que é e para que serve, 124
10.2. Etapas de desenvolvimento, 125
10.3. Papéis exercidos pelo pesquisador/aluno, 127
10.4. Como usar, 128

Capítulo 11
EXEMPLOS DE CASOS VIVENCIADOS, 129

11.1. Curso de graduação em Engenharia com objetivo de integrar conhecimentos, 130
11.2. Curso de graduação em Ciências Contábeis com objetivo de integrar conhecimentos, 134
11.3. Curso de MBA em Controladoria e projetos internos em empresas, 137
11.4. Projetos internos em empresas, 139

REFERÊNCIAS, 141

CAPÍTULO 1

POR QUE PENSAR EM PBL

OBJETIVOS DO CAPÍTULO

→ Definir o PBL
→ Proporcionar percepção de utilidade e flexibilidade
→ Apresentar os pontos fortes do PBL
→ Identificar limitações da abordagem
→ Tratar a questão do envolvimento dos docentes na abordagem

QUESTÕES PROVOCATIVAS

1. O que levaria uma instituição a adotar o PBL?
2. Que benefícios um aluno teria ao ser submetido a essa abordagem?
3. O que posso encontrar no que se refere a dificuldades na implementação da abordagem?
4. Quando seria mais interessante ter o PBL: no início, fim ou todo o curso?
5. Poderia pensar em usar o PBL em cursos de especialização? E a pós *stricto sensu*?

1.1. MOTIVAÇÕES DE UM PROFESSOR

Este capítulo pretende tratar das questões gerais de motivação para que o *Problem-based Learning* (PBL), também conhecido como Aprendizagem Baseada em Problemas (ABP), seja identificado como uma solução oportuna para aumentar a praticidade, retenção e aplicabilidade dos conhecimentos de cursos na área de negócios.

A atividade docente é algo muito relevante na vida das pessoas, e, muitas vezes, acreditamos que a solução para a sua evolução esteja fora do ser humano. Podemos, por exemplo, achar que a tecnologia simplesmente substitui tudo que já foi feito. Isso não é verdade. A Figura 1.1 mostra uma sala de aula da Idade Média, onde os filhos dos representantes da classe mais abastada da época compareciam a uma sessão para busca de conhecimento.

Figura 1.1 Escola da Idade Média aos olhos de Laurentius de Voltolina (1350).
Fonte: Wikimedia Commons.

O curioso é que a turma do "fundão" clássico já existia. Alguns "viajando", conversando sobre temas fora do contexto da aula ou simplesmente ignorando o que ocorria em sala de aula. Eles sempre existiram. Outros nem piscavam para absorver o conhecimento despejado pelo sábio mestre; graças a Deus, eles sempre existiram, embora não na quantidade que gostaríamos. Outros demonstravam o tédio provocado pela permanência na aula: certamente teriam coisas melhores a fazer. Por outro lado, alguns dormiam descaradamente, e outros faziam lições de outras disciplinas. Igual às nossas salas de hoje. Nem mais, nem menos, com todas as mudanças sociais, econômicas e da tecnologia que ocorreram em todo esse tempo. Entendendo *tecnologia* em seu sentido mais amplo, abrangendo metodologias, internet, mecanismos, instrumentos, esta palavra tem provocado transformações em todos os segmentos da sociedade, quanto a rapidez e eficiência. Apesar das transformações, o ser humano continua o mesmo. Ou quase.

Bom, não falamos sobre os professores. Certamente, hoje não estão no púlpito que eram colocados no passado. O desafio mudou, e o papel está em contínua mudança, e, cada vez mais, pensamos no professor como aquele que é o facilitador do processo. A tecnologia tem muito a ver com isso, pois os conteúdos, os tais conhecimentos, podem, com certa facilidade, ser disponibilizados antes, durante e depois de uma aula, de um curso. Ou mesmo esses conhecimentos já estão disponíveis e são de fácil acesso na internet. Quem nunca, diante de alguma dúvida, não recorreu à plataforma de pesquisa Google® ou ao YouTube®?

O que acontece é que, se os conhecimentos podem ser facilmente afetados pela tecnologia, no sentido amplo, percebemos que pouco tem sido feito para proporcionar tanto a melhor absorção como maior facilitação para as práticas. Tudo mudou, mas a combinação de elementos ainda é preservada, em virtude das dificuldades de atender as demandas dos alunos em sua colocação no ambiente.

Devemos particularizar essa preocupação com o que chamamos de área de negócios, tratada nas faculdades pelos cursos de administração, ciências contábeis, economia, engenharia e sistemas de informações. São cursos que focam a organização, em seus mais diversos processos, mas que privilegiam a gestão, o planejamento, a execução e o controle. Esse tipo de curso demanda uma intensa interação entre as questões técnicas e a praticidade da evolução da aprendizagem e passa pela aplicação em algum tipo de contexto e realidade.

Por outro lado, o professor tem de ser preparado para atender a essa demanda. E, tendo em vista a falta de alinhamento entre a demanda dos alunos e a disponibilização de conhecimento por parte dos professores, esses, cada dia mais, enfrentam questões de reflexão, e, em casos extremos, é colocada em xeque a continuidade de seu ofício, questionando sua prática docente.

Provavelmente, você, em algum momento, deparou-se com as seguintes perguntas:

- → Por que os alunos não participam de minhas aulas?
- → Por que os alunos não leem?
- → O que posso fazer para entusiasmar meus alunos?
- → O que posso fazer para ajudar os alunos a se tornarem mais analíticos em sua escrita?
- → Como posso ajudar os alunos a vincular a teoria com a prática vivenciada por eles?
- → O que há de errado em minhas aulas expositivas quando meus alunos não falam?
- → Por que os alunos não usam a biblioteca?

→ Por que as taxas de retenção e progressão estão caindo?
→ O que posso fazer para tornar meu estilo de apresentação mais acessível?

Pois é, os alunos não estão reclamando das suas ou das minhas aulas, mas do sistema em geral. Isso foi o que a professora Lin S. Norton constatou e comunicou em seu livro *Action Research in Teaching and Learning: a practical guide to conducting pedagogical research in universities* (2009). Principalmente em um momento que o questionamento sobre o *status quo* é relevante, entender o que se espera de um processo educacional mais eficiente, interessante e agradável é muito oportuno.

De qualquer maneira, como mostrado na Figura 1.1, esse não é um problema contemporâneo, mas algo que já vem desde longa data afetando o sono dos educadores. O que mudou? Certamente, a intensidade da demanda por mudanças e respostas que resolvam os problemas da interface entre o modelo educacional e empresarial.

Só dá para entender a questão se percebermos que a motivação por abordagens ativas de ensino-aprendizagem passa pela dimensão de cinco diferentes ângulos, inteiramente interligados:

O ângulo do aluno

Os alunos questionam frequentemente as metodologias utilizadas e expressam interesse em ampliar experiências em sala de aula que se aproximem da realidade das organizações. Esse movimento deve aumentar, tendo em vista que a competitividade dos egressos tem se elevado, e sua chance de sucesso no ambiente profissional tem sido atribuída à formação prática, que pode ser adquirida em uma combinação de permanência em uma organização e vivências na entidade educacional.

> *Os alunos questionam frequentemente as metodologias utilizadas e expressam interesse em ampliar experiências em sala de aula que se aproximem da realidade das organizações.*

Por outro lado, as aulas expositivas, embora questionadas, são convenientes para os alunos e, também, para os professores quanto ao esforço. Em outras palavras, a discussão de processo e produto educacional não é percebida como algo integrado e mutuamente impactante. A abordagem baseada em problemas proporciona um enorme aumento de proximidade com as organizações por focar situações vivenciadas, o que aproxima o conhecimento da utilidade e, por consequência, a competitividade do indivíduo. Assim sendo, ao menos inicialmente, demanda mais tempo de dedicação.

O ângulo do professor

Os desafios de sempre estar preparado para mudanças de conteúdo, de perfis de alunos e, também, de demanda de trabalho extra-aula fazem parte da vida dos professores, mas eles percebem que a obsolescência do conhecimento ocorre. Metodologias ativas demandam adaptação de postura e de perfil e atualizações que nem sempre aparecem como oportunidades, mas, sim, como grandes ameaças. Isso porque, na abordagem de ensino tradicional, a sala de aula é um ambiente de certo modo controlado e previsível, o que não ocorre nas abordagens ativas.

De outro ponto de vista, a abordagem baseada em problemas pode ser percebida como uma grande oportunidade de aumento "da vida útil" por parte do professor, por sempre ser afetado por questões contemporâneas relevantes que serão solucionadas sob a sua coordenação. E, especificamente, no tocante às instituições públicas de ensino superior, a abordagem em PBL pode servir para diminuir a distância entre teoria e prática, potencializada pelas restrições legais de atuação docente no mercado de trabalho em razão dos regimes de trabalho em dedicação exclusiva.

O ângulo do mercado de trabalho

A expectativa do mercado de trabalho é encontrar profissionais que tenham combinação de conhecimentos úteis, habilidades desenvolvidas e atitudes direcionadas para suas necessidades.

O acesso ao conhecimento foi uma fronteira muito expandida nos últimos tempos e a democratização do mesmo é uma realidade paulatinamente conquistada nas mais variadas perspectivas sociais e geográficas. Existe um verdadeiro clamor de órgãos representativos de classes profissionais e das empresas, no sentido de aperfeiçoar a preparação dos alunos para a prática, como exteriorizaram Stanley e Marsden (2012), referindo-se ao ambiente profissional contábil australiano. Por outro lado, as habilidades e as atitudes são competências "delicadas" que podem ser evidenciadas e estimuladas, e podem corresponder ao grande divisor de águas no aumento da competitividade entre as organizações. Mecanismos que favoreçam o desenvolvimento dessas competências precisam ser incluídos ao longo da vida dos indivíduos, nos vários papéis desempenhados, seja na família, seja na escola, seja no trabalho.

O foco no contexto resolve uma parte desse problema, proporcionando a ancoragem do conhecimento em algo que faça sentido para as pessoas e elas possam adaptar os conhecimentos em uma dosagem de habilidades e atitudes possíveis. A abordagem de solução de problemas tem uma contribuição importante, pois permite evidenciar que essa combinação é possível de se tornar realidade. O Capítulo 4 detalha o tratamento das habilidades e atitudes na dimensão da disciplina.

O ângulo das instituições de ensino

Aqui, inserimos uma separação entre as instituições públicas e privadas, onde a disponibilidade de recursos em confronto com a pressão por respostas rápidas pode fazer com que uma nova solução possa ser implementada com rapidez ou demore muito tempo em razão de debates alimentados por diferentes ideologias. De qualquer maneira, pressionada pelo reclamo da sociedade, ou de esferas superiores, ou mesmo pelo mercado, a busca por respostas que caminhem para a praticidade dos formatos e mecanismos dos cursos se constitui em algo que desafia os dirigentes dessas instituições o tempo todo.

O ângulo dos órgãos reguladores

Aqui dispomos as diretrizes dos cursos que, na verdade, são e deveriam ser flexíveis o suficiente para que o contexto das instituições possa absorver e responder com mudanças, ajustes, investimentos e modelos de gestão que possam impulsionar as entidades. A customização dos planos pedagógicos dos cursos é de significativa relevância, tendo em vista os diferentes perfis dos alunos nas instituições, a demanda do mercado local, seu contexto e a própria expertise dos docentes.

Se esmiuçarmos os vários ângulos, perceberemos que algumas convergências ocorrem entre os agentes, com anseios em proporcionar educação de qualidade, dentro de um horizonte de prazo razoável e que coloque rapidamente os egressos em atuações com adequados níveis de eficiência, em contextos próprios.

O interesse pelo PBL nasceu da percepção de que a visão prática do curso deve levar em conta aspectos como solução de problemas reais do cotidiano do grupo de alunos e que os recursos e esforços despendidos sejam dosados em razão da análise, discussão e resolução desse problema. Isso é muito atraente para os alunos, pois, em um primeiro entendimento, eles "não perderão tempo estudando coisas que nunca usarão". Entender e aplicar dado conceito em uma situação contextual proporciona a percepção de que estão estudando temas e gerando soluções com potencial de aplicação prática.

> *O interesse pelo PBL nasceu da percepção de que a visão prática do curso deve levar em conta aspectos como solução de problemas reais do cotidiano do grupo de alunos.*

O uso da palavra "prática" se tornou um mantra na condução de cursos de administração, economia e ciências contábeis. Tudo o que se faz no ensino, de algum modo, deve ser "prático", e a necessidade de uma solução metodológica motiva os professores a saírem da zona de conforto para buscar respostas e propostas. Essa promessa de praticidade é muito relevante e deve ser alimentada ao longo do tempo. Ademais, explicitando o que é prática, esse termo é vago para um aluno de graduação, pois envolve também um grau relevante de incerteza quanto ao produto proporcionado. Nem sempre isso é claro aos olhos dos alunos. Igualmente, pode-se dizer, aos olhos dos professores.

Por outro lado, existem inúmeras tensões durante o período que o curso se desenvolve. A concorrência com outras disciplinas, por exemplo, constitui-se em elemento relevante, pois o tempo do aluno é disputado por várias outras atividades, inclusive com o emprego. A diferença de tipos de disciplinas (formação geral, formação específica, obrigatórias, optativas, por exemplo) nem sempre se mostra clara para que os alunos se posicionem perante um novo desafio. Talvez nem o seja para o professor.

Para um aluno que conheça a realidade de uma organização, por exemplo, se existe alinhamento entre o emprego e a faculdade, o aluno percebe a praticidade dos conteúdos aprendidos em sala de aula. Se essa experiência não existe, por mais que a disciplina proporcione benefícios, deixa de ser percebida como "prática". Esse quadro com uma percepção pragmática de curto prazo é parte do mundo vivido pelo docente ao ministrar uma disciplina pela abordagem PBL, em um curso relacionado com negócios. Particularmente, Ribeiro e Mizukami (2004) referem-se a duas críticas dos alunos quanto ao PBL, a saber: a identificação e o tratamento do problema antes da teoria geram insegurança nos alunos que não tiveram contato mais amplo com os assuntos anteriormente, e a organização dos conteúdos proporcionados pelo método PBL resulta em instabilidade na compreensão de alunos acostumados com métodos mais estruturados e lógicos de ensino. Os dois aspectos criam um contraponto entre o fator atraente do PBL (sua praticidade) e uma desvantagem (a incerteza), o que pode gerar tensão nos alunos. Como consequência dessas características, o PBL deve ser planejado e dosado no currículo.

1.2. NO QUE CONSISTE O PBL?

A busca por respostas para as demandas relacionadas encontra no método *Problem-based Learning* (PBL) uma possível alternativa muito interessante. Ele tem como foco **a aprendizagem ativa, centrada no aluno, por meio do estudo autônomo e da discussão de problemas atuais, relacionados com a disciplina ou com outros contextos sociais, econômicos** (ARAÚJO; ARANTES, 2009).

É uma abordagem curricular centrada no aluno que o capacita a realizar pesquisas, integra teoria e prática, além de possibilitar a aplicação de conhecimentos, habilidades e atitudes para o desenvolvimento de uma solução viável

> *O método PBL tem como foco a aprendizagem ativa, centrada no aluno.*

para um problema definido (ENEMARK; KJAERSDAM, 2009). Destaca-se que é fundamental para o desenvolvimento da metodologia que o problema tenha vínculo com dada realidade (contexto do aluno envolvido), seja complexo, não completamente estruturado, interdisciplinar, e permita a investigação.

O método PBL está associado às teorias construtivistas, em que o conhecimento não é absoluto, e sim construído pelo estudante por meio de seu conhecimento pregresso e sua percepção global, dimensionando a necessidade de aprofundar, amplificar e integrar o conhecimento (BRANDÃO; ALESSANDRINI; LIMA, 1998). Existem diversas formas de compreensão e implementação da aprendizagem baseada em problemas (ABP); todavia, predominam na maioria das instituições as bases teóricas de Piaget, Vygotsky, Dewey, Lewin e Bruner, bem como o princípio de focar a aprendizagem dos alunos. No contexto, a aprendizagem na abordagem construtivista demanda questionamento por meio da exploração de um problema real usando os processos e as ferramentas da disciplina em determinado contexto (COOMBS; ELDEN, 2004).

Tudo decorre da identificação de um **problema**, dentro de um **contexto** e que seria decorrência de algumas causas, que serão denominadas **hipóteses**. Esses elementos serão tratados pelo aluno, direcionando-o para os conhecimentos necessários, no contexto que faça sentido para o aluno. Este tema será aprofundado ao longo deste trabalho, especialmente no que se refere ao Capítulo 2.

Ao tratar da abordagem, Enemark e Kjaersdam (2009, p. 18) indicam que o método PBL pode favorecer:

- → A integração entre universidade e empresa.
- → A integração entre a pesquisa e a empresa.
- → As soluções interdisciplinares.
- → A busca de conceitos mais atuais.
- → A atualização dos professores.
- → A criatividade e a inovação.
- → As habilidades de desenvolvimento de projetos.
- → As habilidades de comunicação.
- → O aprendizado eficaz.
- → A criação de entorno social.

Esses benefícios são fundamentais para tornar o aprendizado "prático" e ser considerado relevante no ambiente das instituições de ensino que se voltam para negócios. Em resumo, trata-se de uma resposta relevante para vários elementos de demanda indicados.

O processo de ensino e aprendizagem pelo método PBL gera uma dinâmica que possibilita a aproximação do aluno com a prática, isso, por meio da inserção e intervenção na realidade da área de formação. O método é estruturado por meio do questionamento do fenômeno ou de projetos e requer dos envolvidos a investigação, reflexão sobre o quadro delimitado e comunicação das observações e resultados; logo congrega prática profissional, pesquisa e ensino.

A abordagem PBL surgiu na década de 1960 na área de saúde, em cursos de Medicina e Enfermagem, mas, nas últimas duas décadas, temos visto uma série de iniciativas relacionadas com a implementação do PBL por parte de docentes das áreas de ciências sociais aplicadas,

> *O processo de ensino e aprendizagem pelo método PBL gera uma dinâmica que possibilita a aproximação do aluno com a prática.*

como administração e ciências contábeis. Essa tendência é justificada pelos benefícios que a abordagem traz, por exemplo, estimular o desenvolvimento de competências nos alunos, como será visto no Capítulo 4.

Apesar de o PBL ser sustentado por princípios de ensino-aprendizagem (como o ensino centrado no aluno), não é plausível que se adote o mesmo modelo de PBL nas inúmeras disciplinas e nos diversos cursos, sem adaptações. Cada área de ensino, ciências sociais, ciências da saúde, ciências humanas, ou ciências exatas, tem inúmeras especificidades que requerem um olhar mais flexível por parte da abordagem do PBL.

1.3. UM POUCO DE HISTÓRIA

O método PBL surge como mais uma proposta de aprendizagem construtivista, com foco nos alunos. As primeiras experiências ocorreram na medicina e, paulatinamente, foram surgindo na enfermagem, administração, ciências contábeis, engenharia e direito, entre outras áreas do conhecimento.

Inicialmente, o método foi desenvolvido na Universidade McMaster, no Canadá, no fim da década de 1960, quando um grupo de docentes estruturou um novo programa para o curso de medicina. Desse centro universitário, o método foi disseminado para a Universidade de Maastricht, nos Países Baixos, em 1980, para Harvard e Cornell, nos Estados Unidos, entre outras mais de 60 escolas. Foi, também, implementado no Brasil, na Faculdade de Medicina de Marília (Famema), em 1997, e na Universidade Estadual de Londrina (UEL), no curso de medicina, em 1998.

Observa-se a disseminação do método PBL nos cursos de medicina, mas, em outras áreas, também há inúmeras experiências de implementação do método. Deelman e Hoeberigs (2009) relatam que desde sua criação, em 1986, a Faculdade de Economia e Administração da Universidade de Maastricht adotou o enfoque educacional usado em medicina, com proposta multidisciplinar, inexistência de bibliografia prévia e prova de evolução no curso, sob o enfoque do PBL.

Em 2005, foi criada a Escola de Artes, Ciências e Humanidades (EACH), no campus Leste da Universidade de São Paulo (USP), com uma dezena de cursos, em diferentes áreas do conhecimento, tais como ciências da atividade física, gerontologia, gestão ambiental, gestão de políticas públicas, lazer e turismo, marketing, obstetrícia, sistema de informação e têxtil e moda. Desses, seis cursos foram organizados sob três eixos centrais, formação específica e geral, ambos com oito horas semanais cada, e formação científica e profissional, por meio da resolução de problemas, com quatro horas semanais (ARAÚJO; ARANTES, 2009).

A Faculdade de Economia, Administração e Contabilidade (FEAUSP) de Ribeirão Preto iniciou pesquisas com aplicações práticas em cursos de graduação na área de ciências contábeis em 2008, e a FEAUSP de São Paulo o faz desde 2011. No primeiro caso, a ênfase foi para os alunos no início do curso, e no segundo, para alunos em estágios mais avançados do curso, praticamente em seu término. Outras experiências relatadas ocorreram na Universidade Federal do Paraná (UFPR), em 2015, e na Universidade Federal do Mato Grosso do Sul (UFMS), em 2016. As abordagens utilizadas, em decorrência dos contextos, foram distintas.

1.4. PRÓS E CONTRAS NA COMPARAÇÃO COM ABORDAGENS TRADICIONAIS

Os potenciais benefícios do PBL, bem como sua importância e efetividade difere entre diferentes campos de conhecimento, por exemplo as áreas médica e de gestão de negócios (SMITH, 2005). Especificamente para gestão, deveria ser priorizado o desenvolvimento de competências e de trabalho em grupo, assim como o foco no conhecimento prático e em sua integração, enquanto para a área médica, é mais relevante a retenção do conteúdo e aprendizado de longo prazo, e o desenvolvimento de competências de solução de problemas (SMITH, 2005). Se os objetivos são diferentes, podemos supor que as estratégias didático-pedagógicas também o sejam. Nesse sentido, a flexibilização é um aspecto fundamental para o sucesso da implementação do PBL nos diferentes contextos acadêmicos.

Embora justifiquemos a necessidade de flexibilização do PBL, quanto a estratégias didático-pedagógicas e objetivos de aprendizagem para diferentes áreas de ensino e estágios do curso, entendemos que os princípios são os pilares da abordagem PBL e por isso devem ser compreendidos e aplicados. Os princípios consistem em uma perspectiva orientativa para a implementação do PBL.

Moesbi (2009) evidencia que o método PBL mostra-se superior ao ensino tradicional, ao comparar a formação de habilidades dos estudantes na Universidade Técnica da Dinamarca com a Universidade de Aalborg, também na Dinamarca (Figura 1.2).

A Figura 1.2 apresenta dados sobre elementos de Conhecimentos, Habilidades e Atitudes (CHA), comparando duas instituições europeias, e mostra suas diferenças no que se refere a avaliação (eixo horizontal). A interpretação dos dados decorre dos objetivos específicos de cada uma delas, onde querem se destacar, onde têm massa crítica de professores para o desenvolvimento e, principalmente, o que esperam os alunos. Por exemplo, quando Aalborg, que utiliza a abordagem do PBL em sua estrutura curricular, se destaca no quesito habilidades inovadoras e criativas, isso demanda consistência com o Projeto Político Pedagógico (PPP) e toda a sua estrutura de disciplinas.

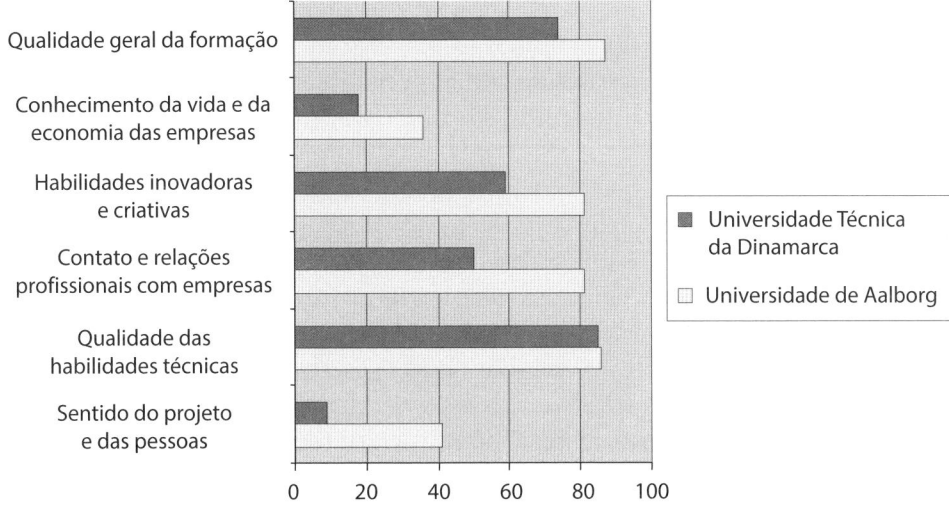

Figura 1.2. Comparação das habilidades dos alunos pelos métodos tradicional e PBL.
Fonte: *Nyhedsmagasinet Ingeniøren* (2004) apud Moesby (2009, p. 75).

No caso brasileiro, Komatsu, Zanolli e Lima (1998) reuniram estudos que evidenciam que estudantes de programas que usaram o PBL desenvolvem melhores habilidades de relacionamento interpessoal, integração biopsicossocial, utilização de biblioteca e recursos educacionais, educação permanente, aprendizagem autodirigida, satisfação profissional e desenvolvimento cognitivo. Estudos que evidenciem melhores desempenhos como um todo do curso não estão disponíveis.

Nas disciplinas de PBL, há a necessidade de que os estudantes tenham clareza das etapas, atividades, normas de formatação e estruturação do projeto, relacionamento com os participantes do grupo, relatório científico e adotem postura distinta daquela requerida, em geral, no ensino tradicional, na qual, muitas vezes, vão à Faculdade para **assistir aulas**. Com isso, o método exige dos estudantes criatividade, liderança, espírito investigativo, relacionamento interpessoal e expressão escrita e oral em muitas etapas. Como decorrência dessas diferenças, nem todos os alunos estarão propensos a uma percepção favorável quanto ao método; muito menos terão resultados favoráveis. Afinal, por que alguém que sempre tirou notas boas estudando sozinho agora tem de se acomodar em um grupo e correr o risco de ter notas inferiores, dado que algumas pessoas não têm seu desempenho cognitivo? Porque, nas organizações, o grupo é fundamental e sem ele nada acontece.

Por sua vez, os professores passam a gerenciar aulas sem o controle e ritmo tão estruturados e uniformes como nas

> *O método PBL exige dos estudantes criatividade, liderança, espírito investigativo, relacionamento interpessoal e expressão escrita e oral em muitas etapas.*

aulas expositivas, ou seja, o método requer mais liderança, direcionamento, estímulo e cobrança do andamento dos trabalhos; como consequência, em muitos casos, a efetividade do método e os resultados ficam prejudicados ou tornam-se questionáveis. Isso faz do professor mais um gestor que um grande sábio transmissor de conhecimentos.

O maior desafio da capacitação docente é a mudança cultural do processo centrado no professor, e em disciplinas, para o focado no aluno, e em ensino e aprendizagem (KOMATSU; ZANOLLI; LIMA, 1998). Em algumas organizações, há uma preparação que envolve as oficinas de capacitação de tutores e por experiências de cotutoria, em média por 12 semanas, antes de assumirem a função de tutor.

Capacitação de professores, processo de autoavaliação e programas de qualidade educacional são práticas adotadas nas universidades pioneiras no uso do PBL, como as de Aalborg e Maastricht. O processo de avaliação e formação certamente auxilia no gerenciamento dos cursos e implementação mais efetiva do método.

Por outro, há diversas críticas ao método e relatos de insucesso. Deelman e Hoeberigs (2009) informam que durante muitos anos a Universidade de Maastricht foi a única a empregar o método PBL; enfoque que suscitava oposição e ceticismo. Para mudar esse quadro, foi preciso demonstrar que o sistema de ensino era tão eficaz quanto o tradicional, e, para tanto, muito foi investido em pesquisa, em educação e em programas de qualidade. Atualmente, a universidade é respeitada e tem elementos de seu modelo educativo no currículo de outras instituições de ensino superior. Além disso, estudos comparativos entre universidades dos Países Baixos destacam o alto grau de satisfação dos estudantes com a qualidade de formação e estrutura da Universidade de Maastricht. Entretanto, estes relatam que adotar o método na Faculdade de Economia e Administração, nos moldes do curso da Faculdade de Medicina, inicialmente não foi uma boa opção, pois o enfoque multidisciplinar foi complexo em um currículo com orientação mais variada que o de medicina; alunos e professores sentiam-se inseguros em trabalhar sem bibliografia prévia, pautando-se em material muito superficial ou específico, e a prova de evolução não funcionava no novo contexto.

Pelos relatos, ficou evidente que o modelo educacional, orientado pelo PBL, adotado no curso de medicina não se adequou ao novo curso de economia e administração e gerou prejuízos no funcionamento do curso e formação dos estudantes. Araújo e Arantes (2009) reconhecem que, na estruturação dos cursos da EACH, o ciclo básico de formação científica e cultural, por meio da resolução de problemas, traz inúmeras vantagens para a formação dos estudantes, mas as aulas expositivas e outras estratégias de ensino e aprendizagem podem conviver no mesmo currículo e enriquecer o projeto acadêmico.

Nobre et al. (2006) relatam que o uso do método PBL aplicado no ensino das disciplinas Sistemas Embarcados e de Tempo Real, ministradas nos cursos de graduação e pós-graduação de engenharia eletrônica e computação do Instituto

Tecnológico de Aeronáutica (ITA), foi considerado um sucesso. Entretanto, foram constatadas dificuldades em ministrá-la, dada a inexperiência dos estudantes no trabalho em grupo, o que prejudicou negociações e decisões relativas ao projeto; além da falta de liderança e habilidade para representar o grupo durante a fase de integração do protótipo. Os autores usaram listas de exercícios, provas bimestrais, elaboração de projetos e socialização do produto final, para exercitar habilidades e criar mecanismos de acompanhamento e mensuração do andamento do projeto. Com isso, dificuldades como a superação da postura passiva dos estudantes perante seu aprendizado, o planejamento de estudo individualizado e a amplitude e profundidade do conteúdo pesquisado foram superadas integral ou parcialmente no delineamento do projeto.

Ficou evidente que o processo de avaliação amplo tinha como princípio proporcionar a dinâmica de aprendizagem de conhecimento e habilidades necessárias ao desenvolvimento e acompanhamento do projeto. Ademais, esse processo de formalização ora estava focado no indivíduo, ora na equipe, e estava alinhado com cada etapa do projeto. Em síntese, os mecanismos de formalização mitigaram muitas dificuldades encontradas na gestão das disciplinas, contudo, outras deficiências dos estudantes permaneceram, causaram prejuízo ao processo e afetaram os resultados do trabalho, mas não de modo significativo.

Ribeiro e Mizukami (2004), ao implantar o PBL na disciplina Teoria Geral da Administração na pós-graduação em Engenharia da Produção na Universidade de São Carlos, informam que a maioria dos estudantes julgou positivamente a metodologia, por promover habilidades interpessoais, de pesquisa, de solução de problema e no desenvolvimento de trabalhos em equipe; todavia, foram apontadas as críticas ao método apresentadas no Quadro 1.1.

Os autores relatam que alguns problemas foram mitigados ou solucionados com a adoção de tempo de fechamento no início das aulas, a alternância de papéis nas equipes, redistribuição dos alunos em novos grupos a partir do meio do semestre, e autoavaliações informais do processo e desempenho. Ainda, as deficiências listadas podem ser gerenciadas por meio de ideias sugeridas por outros autores, tais como elaboração de diários semanais individuais, que documentam a participação do estudante, e *feedback* construtivo imediato anônimo dos colegas, após as socializações.

Como se percebe, uma parte relevante das críticas se refere à utilização inadequada do método propriamente dito, o que reforça a necessidade de um projeto cauteloso e abrangente de implementação. Como argumento, temos a referência de Komatsu, Zanolli e Lima (1998) ao atribuir o sucesso da Universidade McMaster, não somente pela adoção do

> *Parte relevante das críticas ao método do PBL se refere à utilização inadequada, o que reforça a necessidade de um projeto cauteloso e abrangente de implementação.*

Quadro 1.1. Críticas dos alunos na implantação da disciplina orientada pelo método PBL

REFERÊNCIAS	CRÍTICAS DOS ESTUDANTES
Críticas/ desvantagens do método (visão geral)	a) o envolvimento e a participação dos alunos são imprescindíveis, logo, o método exige que os estudantes estejam comprometidos e sejam responsáveis na execução dos trabalhos; b) aumento da carga e tempo de estudo; c) maior pressão por participação sobre os alunos mais introvertidos; d) o procedimento do problema antes da teoria causa insegurança aos alunos que não tiveram contato mais amplo com os assuntos anteriormente; e e) a organização dos conteúdos proporcionados pelo método PBL gerou instabilidade na compreensão de alunos acostumados com métodos mais estruturados e lógicos de ensino.
Críticas ao atendimento dos objetivos da disciplina	a) exercício tendencioso da ética e corporativismo no processo de autoavaliação do processo e de desempenho.
Críticas à dinâmica das aulas	a) enfoque na nota e não na aprendizagem; b) esfacelamento do conteúdo entre os membros, com perda do conhecimento geral do assunto; c) dificuldade nas sessões extrassala, em razão de os alunos residirem em locais ou cidades distantes; d) inobservância dos papéis pelos alunos; e) falta de liderança; f) participação desigual dos membros dos grupos; g) desmotivação com o uso contínuo de seminários; h) confusão na avaliação do processo com a de desempenho; i) número excessivo de problemas; e j) resistência ao método PBL.

Fonte: Ribeiro e Mizukami (2004).

método PBL, mas também pelo desenvolvimento institucional rumo às necessidades da sociedade. Em síntese, a estruturação de disciplinas sob o enfoque do PBL requer do professor postura e habilidades distintas daquelas exigidas nas disciplinas com enfoque convencional; elaboração de mecanismos que possibilitem o gerenciamento do processo. e das tensões resultantes da nova dinâmica na aprendizagem dos alunos em sala e extrassala, bem como a capacitação do docente para que haja seu aprimoramento contínuo e, assim, sua prática possa se tornar mais efetiva.

De acordo com Barrows (1996, p. 5-6), a abordagem PBL tem os seguintes princípios:

→ O aprendizado é centrado no aluno, ou seja, o aluno é o protagonista do processo de ensino-aprendizagem.
→ O aprendizado ocorre em pequenos grupos por meio dos quais os alunos interagem entre si, permitindo o desenvolvimento de competências, como o trabalho em equipe.
→ Os professores são os facilitadores, tutores ou guias, e não os detentores do conhecimento a ser transmitido.
→ Os problemas são o estímulo da aprendizagem, que transformam a busca pelo conhecimento em algo natural e adequado a um contexto prático.
→ Os problemas são o veículo para o desenvolvimento das habilidades de solução de problemas, o que permite o desenvolvimento de competências alinhadas com as demandas do mercado de trabalho.
→ As informações são obtidas diretamente pelos alunos por meio da aprendizagem ativa, contrariando o paradigma de que o professor é responsável pela transmissão do conhecimento aos alunos.

No Quadro 1.2, traçamos uma comparação entre os princípios norteadores das abordagens consideradas tradicionais e das ativas, como o PBL. Esse contraponto é importante para se refletir sobre os benefícios que a abordagem do PBL pode trazer.

Quadro 1.2. Comparação entre as características das abordagens tradicionais e do PBL

ABORDAGENS TRADICIONAIS	PBL (PROBLEM-BASED LEARNING)
Ensino centrado no professor	Ensino centrado no aluno
Estímulo dirigido pelo professor	Estímulo autodirigido pelo aluno
Ênfase no conhecimento teórico	Ênfase no conhecimento prático
Ênfase em conhecimentos	Ênfase em competências
Direcionamento para o indivíduo	Direcionamento para o grupo

O trabalho de Coombs e Elden (2004) apresenta um esquema que serve para orientação pedagógica, sugerindo como esses elementos podem ser utilizados ao longo de um curso na área de ciências sociais aplicadas (Figura 1.3). Nesse modelo, percebe-se que o *continuum* se movimenta de uma abordagem centrada nos docentes para outra focada nos alunos, em que estes últimos identificam e solucionam os problemas independentemente dos docentes (extremo que está mais próximo dos elementos da abordagem PBL). Esse esquema permite entender que no contexto pedagógico pode haver uma dosagem dos elementos relacionados com a abordagem tradicional e com o PBL nas diferentes disciplinas e nos estágios do curso.

Nesse sentido, há uma vertente que propõe que a perspectiva do PBL deve ser implementada após os conceitos serem disponibilizados aos alunos em um primeiro instante. Segundo Johnstone e Biggs (1998), o PBL deve ter aplicação limitada nos primeiros anos da graduação na área de ciências contábeis, e ser aplicado de maneira mais intensa no último ano, pendendo de uma perspectiva tradicional para a abordagem ativa ao longo do curso. Por exemplo, sob esse entendimento a implementação do PBL durante os primeiros anos do currículo em ciências contábeis não deve ocorrer antes de os conceitos básicos terem sido transmitidos.

Já nos últimos anos do curso, o PBL poderia ser implementado de modo pleno, pois, de posse de conhecimentos e de certa experiência obtida em atividades extracurriculares, os benefícios do PBL são mais bem alcançados. Há outras experiências de sucesso no Brasil, em que o PBL é aplicado inclusive para alunos no primeiro ano do curso. Portanto, há diversos direcionamentos que podem ser seguidos, e o papel do professor (Figura 1.3) se altera no que se refere a tipo de atuação.

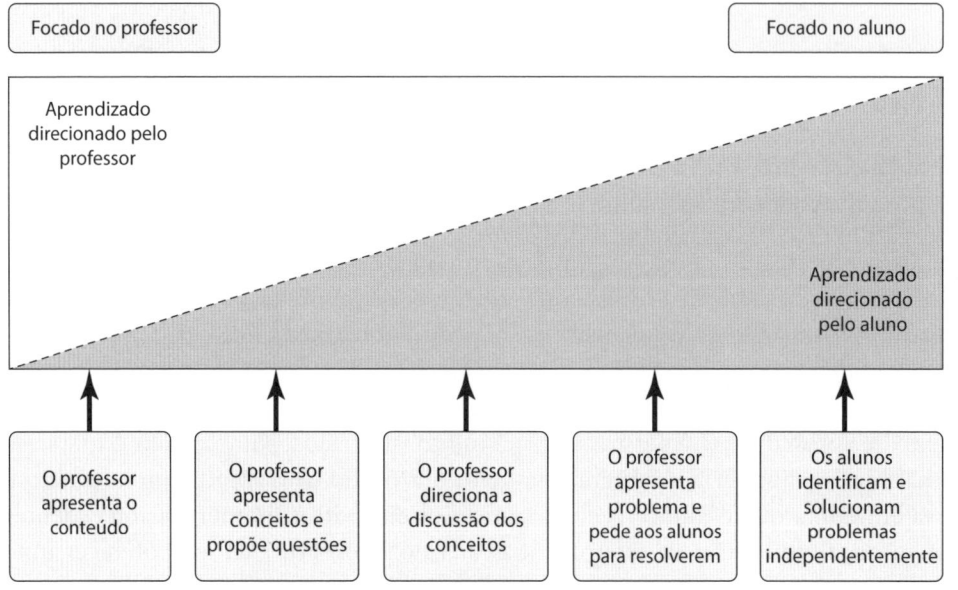

Figura 1.3. Orientação pedagógica.
Fonte: Traduzida de Coombs e Elden (2004, p. 526).

De modo geral, os princípios da abordagem PBL podem ser praticados no nível de uma disciplina, de um programa (série de disciplinas), do currículo de um curso, ou mesmo de uma instituição (no que diz respeito a modelo de ensino). A implementação da abordagem do PBL em uma perspectiva mais abrangente, quanto a currículo de curso ou modelo de ensino, exige uma mudança de paradigma, e, por isso, são esperadas inúmeras tensões nesse processo. No entanto, não são muitas as instituições de ensino no mundo que adotam o PBL nos diversos cursos que oferecem, e de maneira integrada em todos os estágios de um currículo. A Universidade de Maastricht, por exemplo, tem se destacado nesse quesito, mas outras instituições também têm galgado esse mesmo caminho (Universidade de Aalborg, por exemplo).

> *A implementação da abordagem do PBL em uma perspectiva mais abrangente, quanto a currículo de curso ou modelo de ensino, exige uma mudança de paradigma, e, por isso, são esperadas inúmeras tensões nesse processo.*

1.5. COMO USAR

Os elementos demandados por uma disciplina serão tratados ao longo deste livro. Contudo, neste tópico, são apresentados de maneira resumida para que o leitor tenha uma ideia de amplitude.

Papel da disciplina (inseridora de conteúdos ou integradora de conteúdos) em relação ao Projeto Político Pedagógico (PPP) de um curso

A abordagem surge como uma resposta a alguma demanda ou um desejo da instituição e tem por missão proporcionar alguma solução. Uma disciplina com o perfil de inserir conceitos utilizando o PBL é exequível, mas vai proporcionar muita profundidade a poucos elementos, ou o PBL vai ser mesclado dentro de uma disciplina tradicional. Provavelmente, poderá ser disponibilizada no início do curso, aliando o potencial de praticidade do conceito com a disponibilidade de "corpo" para seu desenvolvimento.

Para um aluno da área de ciências contábeis estudar ativo biológico em um contexto de agroindústria, a perspectiva será muito valorizada, por exemplo, o que seria uma abordagem inseridora de conceitos. Por outro lado, uma abordagem integradora leva em conta que o aluno receberá conceitos em outros momentos antecedentes ao da disponibilização da disciplina baseada no PBL. Por exemplo, oferecer uma disciplina que se preocupe em tratar vários problemas como a rigidez do processo orçamentário a um perfil de aluno em término de curso atende a outro tipo de demanda e será compatível com o projeto que proporcionou elementos conceituais previamente e que serão consolidados, integrados, ao fim do curso.

Não deve ser excluída a possibilidade de usar o PBL de maneira limitada, mas seu emprego deve ser parcial durante os vários momentos da ocorrência da disciplina (Capítulos 2, 3 e 4).

Momento de introdução da disciplina com abordagem PBL no curso

Diretamente relacionado com a resposta ao quesito anterior, as disciplinas baseadas no PBL podem ser oferecidas no início, no meio ou ao término do curso. Quanto mais forem direcionadas ao fim do curso, menos possibilidade de escolha de conteúdos (Capítulos 3, 4, 5 e 6).

Temas a tratar na disciplina

Analogamente, decorrem de elementos anteriormente especificados. Em uma disciplina inseridora de conteúdos, a dosagem destes com as perspectivas práticas do tema deve levar em conta a necessidade do PPP como um todo, e o PBL surge como a técnica que deve proporcionar aos alunos a inserção ao assunto. Em uma disciplina integradora de temas, o foco da disciplina isoladamente é que deve definir os temas, os quais já deveriam ter sido tratados ao longo do curso (Capítulos 2, 3, 4 e 5).

Quem define o problema

Em uma disciplina inseridora de conteúdos, o professor é quem define os problemas que deverão ser tratados pelos alunos; por sua vez, nas disciplinas integradoras, a tendência é proporcionar maior liberdade e alinhamento com o contexto dos alunos, deixando que eles definam os problemas. Nos Capítulos 2, 3 e 7, este tema será aprofundado.

Referencial básico para os temas contemplados

São basicamente contemplados quando se trata de disciplina inseridora de conteúdos. Entretanto, embora nas disciplinas integradoras, haja a demanda por referenciais adicionais quem define o problema são os próprios alunos (Capítulos 2, 3, 4 e 5).

Tipo de "PBL"

Quando um problema é utilizado para sintetizar o conhecimento prévio aprendido e para desenvolver competências como o pensamento crítico, o trabalho em equipe, a comunicação, a resolução de problemas, as habilidades de pesquisa, pode-se utilizar como abordagem de ensino o *Problem-based Learning* (*One-day One-problem*), o *Case-Based Learning* ou o *Project-Based Learning* (FREZATTI; MARTINS, 2016) (Capítulos 2, 3 e 4).

Aulas expositivas demandadas

Em princípio, aulas expositivas não fazem parte do universo do PBL enquanto foco de prioridade. Entretanto, a apresentação de conceitos e do modelo do próprio PBL demanda, além de leituras, discussões que podem ser feitas com aulas expositivas.

Principalmente em instituições em que todo o modelo de ensino seja tradicional, pouco voltado para *active learning*, é necessária uma abordagem de ponte entre as diferentes perspectivas e faz sentido haver algumas aulas expositivas (Capítulos 2, 3, 4 e 5).

Definição de elementos a considerar no processo de avaliação da disciplina

As questões de avaliação do PBL podem ser muito diferentes das utilizadas em disciplinas tradicionais, pois podem privilegiar a abordagem dos portfólios, que valorizam quaisquer atividades que possam contribuir para o andamento do aluno. Podem também incluir elementos na atribuição de notas sobre os quais não se tem consenso, como habilidades e atitudes e mesmo elaboração de atas (Capítulos 2, 3, 4, 5, 8 e 11).

Organização das etapas da disciplina e agenda para os alunos

Uma disciplina de PBL tem a estruturação das aulas diferente de uma disciplina tradicional. Normalmente devem ser consideradas etapas que permitam o bom desenvolvimento dos trabalhos e levem em conta:

- → Explicação e esclarecimentos sobre as peculiaridades da disciplina e metodologia.
- → Organização da classe.
- → Experiências individuais com a metodologia.
- → Experiência grupal com as escolhas feitas pelo grupo.
- → Desenvolvimento.
- → Produto final validado pela classe.

Independentemente de serem desenvolvidas presencialmente ou por meio de ensino a distância, desenvolvidas em instituições organizacionais ou dentro de empresas, essas etapas podem ter durações diferentes e moldadas com base em paradigmas distintos (Capítulos 5, 6 e 7).

Critérios para definição dos integrantes dos grupos

Dependendo do que se pretende com a classe, abordagens distintas podem ser pensadas. A composição do grupo tem consequências tanto em termos de experiências cognitivas ao desenvolver o projeto quanto a percepção da participação de colegas e relacionamentos. Os critérios podem ser variados como:

- → Perfil psicológico para equilibrar diferentes estilos.
- → Experiência profissional quando o objetivo é mesclar diferentes níveis de senioridade (ou falta dela).
- → Interesse em dado tema, dentre as várias possibilidades de agrupamento.

Trata-se do ponto-chave para a definição do que se pretende com o público envolvido em desafios, interação e conflitos (Capítulo 7).

Critérios para escolha do coordenador e secretário

O papel do coordenador em termos de liderança é relevante e afeta a maneira como o grupo vai desenvolver os trabalhos. Dessa maneira, os critérios para sua escolha dependerão do que o docente busca alcançar. Por exemplo, em uma abordagem em que se almeja desenvolver um projeto de PBL e determinado aluno tenha acesso a uma organização, para garantir o fluxo de trabalho, ele pode ser definido como o coordenador durante parte do projeto ou mesmo todo o tempo. Em um curso em que se pretenda dar ênfase à liderança em um projeto, poderia haver um rodízio entre os membros do grupo no papel de coordenador, por exemplo (Capítulo 7).

> *O papel do coordenador em termos de liderança é relevante e afeta a maneira como o grupo vai desenvolver os trabalhos.*

Dinâmicas

As dinâmicas a serem utilizadas durante o processo têm por objetivo facilitar e tornar a disciplina mais agradável e proativa. Normalmente, proporcionam uma abordagem lúdica para o desenvolvimento dos trabalhos e facilitam a contextualização e customização. Podem existir em grande intensidade ou serem pontuais em momentos mais demandantes, por exemplo, a discussão do CHA e o contrato entre os integrantes do grupo, ou mesmo no momento de legitimar os problemas em uma versão integrativa da disciplina (Capítulo 5).

Intensidade de acompanhamento do grupo e indivíduos

A proposta de trazer para a sala de aula a experiência das organizações provoca reflexão do quanto seria possível e desejável no que concerne a acompanhamento e *feedback*, sendo disponíveis uma infinidade de indicadores que podem antecipar reações e demandas dos alunos, com a possibilidade de ações de correção e mesmo de orientação (Capítulos 5, 7 e 8).

CAPÍTULO 2

ESTRUTURA CONCEITUAL BÁSICA DO PBL

!

OBJETIVOS DO CAPÍTULO

→ Apresentar os elementos conceituais do PBL

→ Alertar para as caracterizações dos atores envolvidos

→ Evidenciar e caracterizar o contexto, o problema e a hipótese

?

QUESTÕES PROVOCATIVAS

1. Qual o recorte de um contexto?
2. O que seria um "bom problema"?
3. Qual o papel da hipótese no PBL?
4. Como o referencial contribui para o processo de aprendizagem?

2.1. VISÃO GERAL

A lógica do desenvolvimento do *Problem-based Learning* (PBL) está calcada no relacionamento entre o contexto em que o problema se enquadra, o próprio problema e as hipóteses das causas do problema. Esse conjunto permite que os conhecimentos a serem inseridos ou integrados ganhem força quanto a entendimento e aplicação em dado contexto, o que permite ao aluno realmente considerar isso como algo prático.

Cabe destacar que os elementos contexto, problema e hipóteses devem estar alinhados do ponto de vista de escopo, clareza, ou seja, devem ser consistentes (Figura 2.1). Com a definição desses elementos, as soluções podem ser propostas e, em alguns modelos de PBL, a intervenção implementada.

```
┌──────────┐     ┌──────────┐     ┌──────────┐
│ Contexto │ ◄─► │ Problema │ ◄─► │ Hipóteses│
└──────────┘     └──────────┘     └──────────┘
     ▲                                  │
     └──────────────────────────────────┘
```

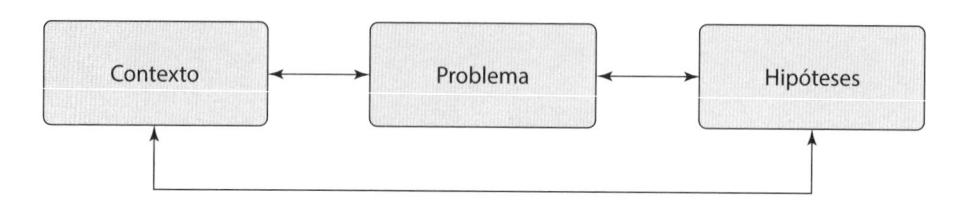

Figura 2.1. Interação entre os elementos contexto, problema e hipóteses.

2.2. CONTEXTO

Como o problema decorre do contexto, primeiro precisamos situar para qual contexto estamos olhando (HMELO-SILVER, 2004; SHERWOOD, 2004). Se for na área médica, provavelmente estamos preocupados com o diagnóstico clínico ou tratamento de uma doença. Na área de engenharia, a preocupação pode estar relacionada com o desenho de processos ou produtos. Já na área de negócios, o contexto normalmente é delineado por uma situação no ambiente organizacional, de entidades, de fins lucrativos ou não.

O contexto é o conhecimento adquirido da realidade social e empresarial quanto a história, cultura, processos e pessoas, ou seja, aspectos que são relevantes para se caracterizar o problema. Sherwood (2004) propõe quatro elementos importantes para caracterizar o contexto na organização: os participantes, a estrutura social, os objetivos e a tecnologia. O autor complementa com um quinto elemento sugerido por Scott (1992): o ambiente externo.

Cabe destacar a importância de se integrar discussões sobre problemas e a realidade empresarial (HMELO-SILVER, 2004; STANLEY; MARSDEN, 2012; MARTINS; ESPEJO; FREZATTI, 2015). Isso é altamente valorizado no ambiente de negócios, pois permite que os alunos discutam e solucionem problemas reais, e desenvolvam suas competências para tal. Situações da vida real identificadas na prática profissional estão relacionadas com os papéis a serem desempenhados pelos estudantes no mercado de trabalho.

Considerando o exposto, argumentamos que não é o problema, mas, sim, o contexto o ponto de partida da abordagem. Quando se estuda o lançamento de um produto, deve-se saber: se é uma empresa nacional, multinacional ou regional, nova ou não no mercado, com muita ou pouca história e experiência, se o produto é consumido por indivíduos ou se trata de um negócio *business to business*, se a empresa tem faturamento de R$ 50 mil ou R$ 500 milhões por ano, se a equipe de marketing é bem estruturada organizacionalmente ou se tem um grupo de heróis etc. O problema a ser tratado será olhado de acordo com o que for oferecido como pano de fundo do contexto.

Na abordagem PBL, o contexto pode ser um ambiente controlado, ou seja, com limites pré-estipulados na disciplina, ou não controlado, sendo o escopo do contexto mais amplo. Outra dimensão importante para o contexto é se ele é simulado pelo docente, de maneira a trazer estabilidade ou direcionamento para a discussão e solução do problema, ou se o contexto é real, no qual os limites são infinitos. Normalmente, em relação à abordagem de casos, trata-se de um contexto simulado e controlado, enquanto para a abordagem de projetos, trata-se de um contexto não controlado e real. Apresentamos na Figura 2.2 os principais elementos de um contexto e sua interpretação dentro da abordagem PBL.

> Conhecimento adquirido da **realidade social/empresarial** por meio da situação em que o problema está inserido.

> Relato detalhado da **história, da cultura, situação, do local, das pessoas** envolvidas no cenário em que o problema foi evidenciado.

> Deve ser apresentado de **forma descritiva** para que os alunos integrantes do grupo possam compreender a relevância da busca pela solução do problema em estudo.

> Permite **customizar** o conhecimento que se dispõe à realidade do aluno.

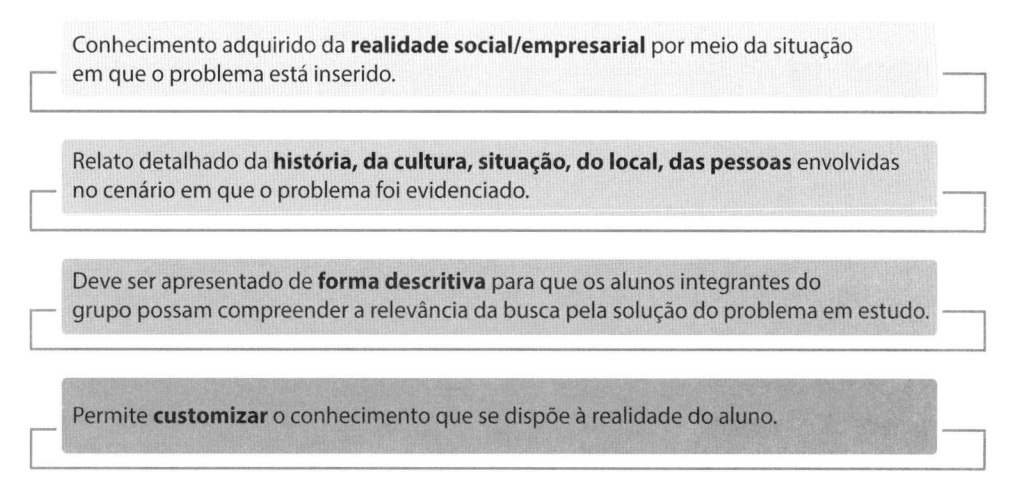

Figura 2.2. Principais elementos do contexto no PBL.

O nível de detalhe do contexto depende dos limites e do objetivo pedagógico da disciplina. Por exemplo, em alguns casos, pode ser relevante compreender o contexto macro e externo da organização, e, em outros, apenas o contexto interno. Além disso, para determinadas disciplinas, pode ser relevante conhecer o negócio, os clientes, os produtos, os mecanismos de gestão, e, para outras, os funcionários, os fornecedores e o processo produtivo. Por exemplo, no caso de uma disciplina de contabilidade gerencial, o foco normalmente seria entender os mecanismos de gestão e o modelo de gestão da empresa, enquanto, para a área de marketing, é mais interessante compreender os clientes e o mercado da empresa. Mas, para caracterizar o problema com base no contexto, talvez seja necessário extrapolar esses limites em relação ao *core business* de cada área. Uma vez qualificado o contexto, o problema de investigação e discussão pode ser enunciado com maior clareza.

Um **exemplo de contexto do problema** é apresentado pela Figura 2.3. Destaca-se que o contexto permite ao analista entender os limites do que se pretende tratar na organização, seja algo ligado a estrutura, cultura ou mesmo escassez de recursos.

> Contexto: a empresa Zewta, que atua no mercado de agronegócio, está no Brasil desde a década de 1980, com concentração de negócios na região Centro Oeste. Tem cerca de 60 produtos comercializados no Brasil e 90% são exportados. Tem mais de 6.000 funcionários. No tocante ao ambiente interno, todos os processos e as estratégias são ligados às delimitações definidas pela sede Europeia, e o processo de orçamento utiliza o SAP por sistema de informação. O nível educacional na empresa é muito bom, com valorização de seus funcionários em graduação de cursos da área de negócios e MBA de bom nível. O modelo de gestão tem discurso participativo e descentralizado, mas nem sempre é assim percebido.
>
> O gestor da empresa Zewta identificou alguns problemas e limitações no processo orçamentário da organização.

Figura 2.3. Contexto: exemplo hipotético.

O contexto mostra que se trata de uma empresa de grande porte, com grande tradição no mercado nacional, com sistemas de gestão e de recursos humanos estruturados para desenvolver o trabalho indicado. As imagens de produtos normalmente contribuem para que o contexto seja inserido dentro da sala de aula.

2.3. PROBLEMA

Pelo próprio nome da abordagem, o problema é considerado elemento-chave para o PBL. Nesse sentido, indicamos a seguir frases que expressam esse entendimento em artigos relevantes da área.

→ O problema é o **veículo** para o desenvolvimento de competências clínicas de resolução de problemas (BARROWS, 1996).

- O problemas é o **ponto de partida** do aprendizado (TAN, 2003).
- O problemas é a **âncora** das atividades de aprendizagem (SAVERY; DUFFY, 1995).

Em certos ambientes, é adequado indicar que o que chamamos de problema pode ser uma oportunidade ou um desafio para alguém proporcionar uma inovação, uma mudança e/ou algum benefício para o contexto envolvido.

Para Ribeiro (2008) e Santos et al. (2007), o método PBL traz como foco o problema ou pode-se afirmar que é a substância aglomerante do currículo PBL, ou seja, aquilo que após, dada a forma, provoca o amadurecimento e o mantém firme. De modo geral, os problemas, além de serem usados para iniciar, focar e motivar a aprendizagem de conteúdos em determinadas áreas do conhecimento, podem proporcionar o despertar do interesse nos discentes pela solução contextual de problemas, ao aplicar os conhecimentos. Esta metodologia visa direcionar o caminho para soluções não conhecidas do problema, permitindo-se pensar nas diversas possibilidades de soluções.

> *O problema é o **veículo** para o desenvolvimento de competências clínicas de resolução de problemas.*

A questão-problema tem a função de delimitar a pesquisa e facilitar a investigação. O problema explicita uma demanda, uma necessidade ou uma oportunidade latente baseada em um contexto e é traduzido como um desafio a ser tratado (MARCONI; LAKATOS, 2003). Para Booth, Colomb e Williams (2000, p. 51), as perspectivas ao elaborar o problema são:

- Identificar as partes e relações funcionais entre elas.
- Rastrear a história e as mudanças ocorridas.
- Identificar as categorias e características do fenômeno.
- Determinar o seu valor para o contexto.

O problema é visto como o veículo, o ponto de partida e a âncora para a abordagem PBL. Em suma, espera-se que, na abordagem PBL, os problemas sejam geralmente reais, não estruturados e autênticos, exijam múltiplas perspectivas com o uso do conhecimento interdisciplinar e desafiem os conhecimentos, atitudes e competências dos alunos (TAN, 2003).

Quando um problema é utilizado para sintetizar o conhecimento prévio e para desenvolver competências nos alunos (por exemplo, o pensamento crítico, o trabalho em equipe, a comunicação, a resolução de problemas, as habilidades

> *O problema explicita uma demanda, uma necessidade ou uma oportunidade latente baseada em um contexto e é traduzido como um desafio a ser tratado.*

de pesquisa), pode-se utilizar tanto a abordagem *Problem-based Learning* (*One-day One-problem*) quanto a abordagem *Case-based Learning*. Nessas duas abordagens, os problemas são de menor complexidade e, por isso, podem ser desenvolvidos com maior frequência em sala.

Na abordagem de projetos, normalmente os problemas são de maior complexidade e demandam um nível de discussão com maior profundidade. Nesse sentido, o problema pode se estender durante toda a carga horária de uma disciplina, sendo um problema discutido dentro do grupo por todo o curso. Como exemplo, podemos citar a disciplina Soluções e Problemas em Controle Gerencial, oferecida na Faculdade de Economia, Administração e Contabilidade da Universidade de São Paulo (FEAUSP).

> *Na abordagem de projetos, normalmente os problemas são de maior complexidade e demandam um nível de discussão com maior profundidade.*

Os estudos de Gordon (1998) analisaram a contribuição dos problemas neste método de aprendizagem e propõem uma contribuição dividida em três **categorias**:

- → **Problemas acadêmicos:** mesmo que aplicados para proporcionar o entendimento de um tópico específico, são problemas originários de dada área de estudo e que também servem para difundir a capacidade dos alunos de trabalhar em equipe e de construir conhecimento.
- → **Simulações:** problemas nos quais os alunos são atores em papéis, com cenários da vida real ou simulados, condizentes com suas futuras profissões, e por meio desses começam a desenvolver as habilidades para terem sucesso na vida.
- → **Problemas da vida real:** na exploração de uma área de estudo, expõem-se diretamente os alunos aos desafios cujas soluções são possíveis de aplicação em seus contextos de origem e que exigem soluções reais por pessoas ou organizações reais.

Analisando o trabalho de Savin-Baden (2000), observa-se que, para se obter problemas robustos e relevantes à aprendizagem dos alunos, alguns princípios deverão ser incorporados na formulação dos mesmos. Afinal, o que é um bom problema? A resposta está condicionada ao uso do problema, mas se pode utilizar uma lógica que proporcione resposta para o contexto em que o problema se enquadre. Para tanto, alguns princípios devem ser conhecidos e aplicados, como consta da Figura 2.4.

O conteúdo de um problema deve se adaptar ao conhecimento prévio dos alunos.

O problema deve conter sugestões ou dicas que estimulem os alunos a elaborar a partir de um ponto.

Preferencialmente, apresente um problema no contexto que é relevante para a futura profissão.

Apresente conceitos básicos relevantes no contexto do problema que encorajem integração de conhecimentos.

O problema deve estimular a aprendizagem autodirigida, encorajando os alunos a gerar necessidades de aprendizado e conduzir buscas na literatura.

O problema deve enriquecer o interesse dos alunos no assunto em questão, sustentando as discussões sobre soluções possíveis e facilitando a exploração de alternativas pelos mesmos.

O problema deve atender a um ou mais objetivos e resultados desejados pelo curso.

Figura 2.4. Princípios a serem incorporados na formulação de problemas.
Fonte: Adaptada de Savin-Baden (2000).

Analogamente ao que foi mostrado no contexto, segue o **exemplo de problema** (Figura 2.5): a mesma empresa fictícia do agronegócio tratada anteriormente, proporciona a escolha de dado problema. A descrição do problema apresenta o problema da maneira sintética (variação de resultados entre previsto e realizado) e da maneira detalhada, em que o problema é apresentado incluindo detalhes para que os analistas possam atuar.

> **Problema:** variação de resultados entre previsto e realizado. Quando o mês é encerrado o departamento de **planejamento financeiro** é responsável por **justificar** as possíveis diferenças entre o **resultado orçado *versus* o realizado** e verificou-se que os desvios que estão ocorrendo são muito maiores do que o **considerado razoável** pela companhia (5-10% de desvio para mais ou para menos).
> **Proposta de valor:** solução ou melhoria do problema melhora a condição de eficiência e assertividade dos gestores.

Figura 2.5. Problema: exemplo hipotético.

2.4. COMO AVALIAR E DISPOR DE UM "BOM" PROBLEMA

As pesquisas elaboradas por Sockalingam e Schmidt (2011) trouxeram as características de um bom problema de PBL pela visão dos alunos. Após a coleta e análise dos resultados obtidos, os autores apresentaram 11 características do problema em PBL, as quais foram divididas em duas categorias: denominadas características e funções. Entre os diferentes tipos de características, encontraram-se:

→ As intrínsecas do problema.
→ A utilidade do problema.

Conclusivamente, as **características intrínsecas** e a operacionalização das **características de utilidade** do problema são consideradas fundamentais para um bom problema dentro da abordagem do PBL (SOCKALINGAM; SCHMIDT, 2011). Os autores pontuam que as características **intrínsecas do problema** são aquelas que podem ser afetadas pelos desenvolvedores do problema, a saber:

→ Familiaridade com problema.
→ Dificuldade do problema.
→ Relevância do problema.
→ Clareza do problema.
→ Formato.

Em decorrência dessa combinação, a **dificuldade** do problema e a **relevância** para o contexto do participante serão percebidas pelos alunos, mas as discussões em plenária aperfeiçoam e proporcionam aumento da homogeneidade da percepção, o que é relevante para a legitimação do desenvolvimento do curso. Nível de dificuldade muito baixo pode atrair a atenção do aluno como atividade a ser vencida, mas não como desafio que proporcionaria agregação relevante de conhecimento. No conjunto, esses elementos proporcionam impacto nas características de utilidade (SOCKALINGAM; SCHMIDT, 2011).

Por sua vez, as características da **utilidade do problema** são aquelas que vão influenciar os alunos. Estas recebem influência das características intrínsecas, podem ser enumeradas e tendem a indicar a intensidade (SOCKALINGAM; SCHMIDT, 2011) com que o problema:

- → Promove a ligação com os objetivos de aprendizagem.
- → Desperta o interesse.
- → Estimula a análise crítica.
- → Promove o autoestudo.
- → Estimula a elaboração.
- → Promove o trabalho em grupo.

Analogamente às **características intrínsecas**, a operacionalização das **características de utilidade** do problema é considerada fundamental para um bom problema dentro da abordagem do PBL.

Como foi apresentado por Sockalingam e Schmidt (2011), existe uma relação "causal" entre as características intrínsecas do problema e as características da utilidade do problema. Significa dizer que para atingir os resultados e trazer benefícios, a qualidade dos problemas utilizados no PBL está atrelada ao fato deste ter determinadas propriedades e características (VAN BERKEL; SCHMIDT, 2000; ZWAAL; OTTING, 2015). Cabe enfatizar que, no trabalho de Sockalingam e Schmidt (2011), inclusive, a ponderação da importância foi indicada do ponto de vista dos alunos.

Em termos práticos, a escolha de bons problemas para o desenvolvimento das disciplinas passa pela palavra contexto. Nela é possível discutir as demandas de um tipo de curso, as especificidades do ambiente em que os alunos vivem e a intensidade do desafio desejado para cada tipo de curso, disciplina e perfil de alunos. Como regra geral, a pesquisa de Sockalingam e Schmidt (2011), adaptada por Frezatti, Martins e Mucci (2016), propõe a operacionalização da escolha de um problema adequado ao curso desenvolvido.

No Quadro 2.1, os cinco quesitos das características intrínsecas são apresentados com especificações para que os alunos, ao desenvolverem os problemas, tenham orientação, e os docentes possam proporcionar *feedback* correspondente. Este contém referencial que permite aos docentes resgatar os conceitos originais e adaptá-los se assim o desejarem. Com relação aos critérios para avaliar quão bom é um problema, são separados os conceitos de cada elemento e meios possíveis de desenvolver o trabalho.

Quadro 2.1. Especificação das características intrínsecas do problema

CARACTERÍSTICAS INTRÍNSECAS	REFERENCIAL	CRITÉRIOS
Familiaridade com problema	Duch (2001); Dolmans et al. (1997); Hmelo-Silver (2004); Scott (2014); Sockalingam e Schmidt (2011)	**Conceito:** Fazem parte do conhecimento já vivenciado pelos alunos e inserido dentro dos sete tópicos presentes na especificação dos possíveis subtemas. **Como tratar:** Mapeamento dos temas requeridos para a análise do problema. Aplicação do questionário diagnóstico e prova de conhecimento mapeando os conhecimentos.
Clareza do problema	Sockalingam e Schmidt (2011, 12); Schmidt e Moust (2000); van Berkel e Schmidt (2000)	**Conceito:** A adaptação do que referenciado é o entendimento do problema por outros além daqueles que o estruturaram. **Como tratar:** O alinhamento entre título, palavras, analogias, exemplos, metáforas e figuras. Alinhamento com as hipóteses, no caso do programa de contabilidade gerencial, é vital e tem vários impactos sobre os demais itens de características intrínsecas.
Dificuldade do problema	Duch (2001); Jacobs, Dolmans, Wolfhagen e Scherpbier (2003); Sockalingam e Schmidt (2011, 4, 12;) Zwaal e Otting (2015)	**Conceito:** Dificuldade está relacionada com amplitude do problema, potencial de solução, nível de estruturação, interdisciplinaridade, dinâmica do problema, multiplicidade de entendimento etc. A caracterização da dificuldade carece de uma perspectiva que operacionalize o conceito. De qualquer forma, problemas muito fáceis são tão indesejados quanto os complexos demais. **Como tratar:** Problemas que possam ser resolvidos **sem consulta a literatura**, mas, sim, por bom senso são fáceis demais. Impactam negativamente pois deixam de proporcionar benefícios nos objetivos de aprendizagem. Problemas onde os conhecimentos demandados não foram apresentados em alguma disciplina ou são por demais complexos são considerados difíceis demais. São mais difíceis problemas sobre entidades de grande porte que de pequeno porte.
Relevância do problema	Sockalingam e Schmidt (2011); Hmelo-Silver (2004); Zwaal e Otting (2015); Ribeiro (2008); Hung (2006); Hansen (2006), Savery (2006)	**Conceito:** Percebem que, além de serem um problema real, têm benefícios para uma organização ou pessoas. **Como tratar:** Identificar quem é o beneficiário da solução do problema: uma empresa em um extremo e a sociedade no outro.
Formato	Sockalingam e Schmidt (2011, 16); Barrows (1986); Ribeiro (2008); Hmelo-Silver (2004); Zwaal e Otting (2015)	**Conceito:** Tamanho do caso especificando problema. Não pode ser longo demais. A existência de imagens ou gráficos melhora a percepção de adequação. **Como tratar:** Quem apresenta apenas a descrição.

Fonte: Traduzido de Frezatti, Martins e Mucci (2016).

Analogamente às características intrínsecas, o Quadro 2.2 se refere às características de utilidade do problema, que devem ser utilizadas pelos docentes no momento de planejamento do uso dos problemas e posterior avaliação ao final da disciplina.

Quadro 2.2. Especificação das características de utilidade dos problemas

CARACTERÍSTICAS INTRÍNSECAS	REFERENCIAL	CRITÉRIOS
Ligação do problema com os objetivos de aprendizagem	Sockalingam e Schmidt (2011, 16); Duch (2001); Dolmans et al. (1997)	**Conceito:** A qualidade do problema viabiliza que se atinjam os objetivos de aprendizagem. **Como tratar:** Deve ficar claro como o problema se relaciona com os objetivos de aprendizagem: (i) identificar um problema relevante; e (ii) estruturação do problema levando em conta hipóteses e conceitos demandados consistentes.
Problema desperta o interesse	Sockalingam e Schmidt (2011, 16); Duch (2001); Hmelo-Silver (2004); Dolmans et al. (1997);	**Conceito:** O problema está relacionado com ocorrências do dia a dia, ou seja, tem aplicabilidade ou uso. **Como tratar:** Análise do grau de realidade contida no problema, sendo percebido como passível de ser encontrado em muitas organizações "relevantes".
Estimula a análise crítica	Sockalingam e Schmidt (2011); Duch (2001).	**Conceito:** Tem potencial para que sejam buscadas várias alternativas para solução. **Como tratar:** É entendido como exequível para a busca de alternativas de soluções.
Problema promove o autoestudo	Sockalingam e Schmidt (2011, 12); Dolmans et al. (1997); Duch (2001); van Berkel e Schmidt (2000).	**Conceito:** Dada a dificuldade equilibrada individualmente, os alunos podem desenvolver o autoestudo. **Como tratar:** Precisa pesquisar para buscar a resposta ou entrevistar especialistas.
Estimula a elaboração	Sockalingam e Schmidt (2011, 16); Dolmans et al. (1997)	**Conceito:** Desde que seja fácil de entender, trará interesse podendo rapidamente começar a resolver. **Como tratar:** A solução propriamente dita indica essa ocorrência. Desistências indicam o contrário.
Promova o trabalho em grupo	Sockalingam e Schmidt (2011, 16); Duch (2001); van Berkel e Schmidt (2000).	**Conceito:** Equipe trabalhando para resolver o problema. **Como tratar:** Visibilidade do trabalho em grupo.

Fonte: Traduzido de Frezatti, Martins e Mucci (2016).

O Quadro 2.3 propõe rubricas para que cada quesito seja avaliado e o *feedback* seja proporcionado aos alunos. Além de ser um mecanismo que define direcionamentos, é extremamente relevante porque proporciona ao aluno a identificação de como se sair bem em uma avaliação, o que direciona o comportamento. A rubrica deve ser adaptada pelos professores dentro de sua pretensão de atuação e desafio para os alunos. No exemplo do Quadro 2.3, no qual se propõe que a nota máxima do quesito familiaridade do problema seja "Terem sido expostos a todos os conceitos requeridos na disciplina", isso pode significar que tais conceitos sejam descritos em disciplinas ministradas antes da disciplina em questão.

Quadro 2.3. Rubricas para avaliação das características intrínsecas e de utilidade do problema

Características do problema para o PBL	RUBRICA		
	ATENDE TOTALMENTE (3)	ATENDE PARCIALMENTE (2)	NÃO ATENDE (1)
CARACTERÍSTICAS INTRÍNSECAS			
Familiaridade com problema	Terem sido expostos a todos os conceitos requeridos na disciplina.	Terem sido expostos a mais de um conceito requerido na disciplina.	Não terem sido expostos a qualquer conceito requerido na disciplina
Clareza do problema	Alunos, professor e tutores entendem o problema.	Alunos, professor ou tutores entendem o problema.	Nem alunos nem professor nem tutores entendem o problema.
Dificuldade do problema	Problemas de organizações de grande porte e que envolvam mais de um tema.	Problemas de empresas de pequeno porte e mais de um tema.	Problemas de empresas de pequeno porte e um único tema
Relevância do problema	Organizações e a sociedade são beneficiadas.	Organizações são beneficiadas.	Organizações são beneficiadas.
Formato	Tem descrição, imagens e gráficos, suficientemente claros para serem entendidos.	Só tem descrição, embora suficientemente rica para ser entendida.	Só tem descrição, que não é suficiente para ser entendida.
CARACTERÍSTICAS DE UTILIDADE			
Ligação do problema com os objetivos de aprendizagem	Incorporar aos objetivos da disciplina, integrar os conhecimentos já adquiridos, as hipóteses e os conceitos.	Incorporar parcialmente aos objetivos da disciplina. Uma ou mais hipóteses não faz interface com o problema, bem como os conceitos	Não incorporar aos objetivos da disciplina. As hipóteses não promovem interface com o problema, bem como os conceitos.
Problema desperta o interesse	O problema reflete uma situação real do dia a dia organizacional sobre pelo menos um dos temas da contabilidade gerencial.	O problema reflete parcialmente uma situação real do dia a dia organizacional sobre pelo menos um dos temas da contabilidade gerencial.	O problema não reflete uma situação real do dia a dia organizacional sobre pelo menos um dos temas da contabilidade gerencial.
Estimula a análise crítica	Os alunos apresentaram julgamento e escolhas com base em fato, informações, lógica ou racionalização.	Os alunos apresentaram parcialmente julgamento e escolhas com base em fato, informações, lógica ou racionalização.	Os alunos apresentaram julgamento e escolhas sem comprovação em fato, informações, lógica ou racionalização.
Problema promove o autoestudo	Os alunos apresentaram referências diferentes daquelas fornecidas pelo professor; realizaram entrevistas com especialistas e visitas a organização.	Os alunos apresentaram poucas referências e/ou não realizaram entrevistas com especialistas e/ou visitas a organização.	Utilizaram apenas o material disponibilizado pelo professor.

(continua)

(continuação)

Estimula a elaboração	Os alunos apresentaram uma solução criativa e inovadora para o problema, que pode ou não ser aplicada na prática.	Os alunos apresentaram solução parcial para o problema, porém não é aplicada na prática.	Não apresentaram solução para o problema.
Promove o trabalho em grupo	Todos os membros da equipe atuaram de forma ativa na solução do problema. Foram evidenciados conflitos nos grupos.	Parte do grupo atuou de forma ativa na solução do problema. Conflitos causaram a não realização de parte das atividades por um ou mais alunos.	Apenas um aluno atuou de forma ativa na solução do problema. Conflitos causaram desistência dos alunos.

Fonte: Traduzido e adaptado de Frezatti, Martins e Mucci (2016).

2.5. ALGUNS EXEMPLOS DE "BONS" PROBLEMAS

Embora a escolha do "bom problema" tenha a ver com área de conhecimento e especialidade, a título de ilustração, reproduzimos no Quadro 2.4 alguns problemas considerados adequados à perspectiva da disciplina Controle Gerencial oferecida para alunos do último ano do curso de graduação em contabilidade da FEAUSP. Em cada subtema, foram especificados alguns problemas encontrados em qualquer organização, ou seja, são práticos. Algum referencial básico é fornecido para que os alunos possam identificar conceitos relevantes para tratar os problemas. A pesquisa bibliográfica com o objetivo de aprofundar os conhecimentos e identificar alternativas de solução faz parte do trabalho dos alunos. Os problemas foram identificados por docentes e validados por executivos de organizações.

Os exemplos são variados quanto a desafio e originalidade. Na maior parte dos casos, existem em várias organizações e podem se tornar cada vez mais complexos à medida que o tempo passa e isso não é possível evitar.

Quadro 2.4. Exemplos de problemas utilizados na disciplina Controle Gerencial

SUBTEMA	PROBLEMAS	REFERENCIAL
1. Gestão de custos	→ Falta de informações para o processo decisório. → Informações não compreendidas na gestão. → Informações disponíveis e não utilizadas na gestão. → Forma de apresentar as informações não permite o seu entendimento. → Conceitos inadequados na gestão de custos.	FREZATTI et al. (2009). FREZATTI; GUERREIRO (1992). MARTINS (2011).

(continua)

(continuação)

SUBTEMA	PROBLEMAS	REFERENCIAL
2. Oportunidades na utilização do orçamento	→ Orçamento rígido impedindo o aproveitamento de oportunidades. → Orçamento deficiente por falta de uma boa contabilidade gerencial. → Falta de atualização do orçamento durante o período compreendido. → Atritos entre as várias áreas participantes do processo orçamentário. → Falta de mecanismos para ligar o orçamento ao modelo de gestão.	FREZATTI (2015). FREZATTI et al. (2009).
3. Dificuldade no estabelecimento/ desempenho da controladoria	→ Não entendimento da missão e dos conceitos da controladoria. → Excessiva concentração de atividades em assuntos de natureza societária e tributária. → As funções de controladoria não existem na empresa ou apenas parcialmente. → Ausência de recursos para o desenvolvimento da controladoria. → Momento inadequado quanto a implantação da controladoria.	BEUREN (2002). BORINELLI (2006). CATELLI (1999). FREZATTI et al. (2009).
4. Influência dos sistemas de informação sobre a gestão	→ Ausência de sistema integrado que proporcione informações necessárias. → Ausência de capacitação interna para identificar e demandar informações. → Ambiente dinâmico que não proporcione condições de rotina.	BIANCOLINO; GIL; BORGES (2010). FREZATTI et al. (2009). O'BRIEN; MARAKAS (2013). ROSSETTI; MORALES (2007). SANCHES (2013).
5. Papel da avaliação de desempenho nas organizações	→ Ausência de modelo de avaliação de desempenho que relacione entidade às pessoas. → Falta de vínculo entre a avaliação de desempenho e os incentivos. → Modelo de avaliação complexo e não entendido pelos colaboradores. → Indicadores inadequados aos objetivos da organização.	FREZATTI et al. (2009). ENSSLIN (2010). SANTOS et al. (2012). OLIVEIRA (2011). VAZ et al. (2012).

(continua)

(continuação)

SUBTEMA	PROBLEMAS	REFERENCIAL
6. Aplicação e entendimento de relatórios gerenciais	→ Ausência de relatórios gerenciais para gestão do negócio. → Relatórios gerenciais com baixa capilaridade de utilização (só topo da pirâmide). → Relatórios que não proporcionam decisões, estímulo, influência e/ou motivação.	BIANCOLINO; GIL; BORGES (2010). FRAGA (2013). GASTALDI (2000). MACHADO.; MACHADO; SILVA; MOURA; ROCHA; BENETTI (2013). SENGER; CESARO (2013).
7. Relacionamento entre estratégias e o orçamento	→ Processo de planejamento descasado (longo e curto prazos). → Falta de flexibilidade no orçamento para acompanhar mudança na estratégia da empresa. → Estágio organizacional influenciando a baixa formalização do planejamento. → Falta de credibilidade no processo de planejamento formal e estruturado.	ALMEIDA et al. (2009). ALMEIDA (2001). ANTHONY; GOVINDARAJAN (2002). FREZATTI (2015).

2.6. HIPÓTESE

Uma vez definidos o contexto e o problema, o PBL indica o delineamento de hipóteses que são a base para a discussão ou definição da solução do problema em questão. De maneira simplificada, a hipótese indica **prováveis causas do problema**. Para Marconi e Lakatos (2003), as hipóteses têm caráter explicativo ou preditivo passível de investigação. Além disso, as hipóteses devem ser compatíveis com o conhecimento e apresentar consistência. Nesse sentido, é importante que as hipóteses em maior ou menor grau tenham como pano de fundo teorias que possam sustentar a argumentação ou a solução do problema. No campo das ciências contábeis, por exemplo, as teorias mais preponderantes são importadas de outras áreas como da economia, da psicologia e da sociologia (Frezatti et al., 2009).

De maneira simplificada, a hipótese indica prováveis causas do problema.

Marconi e Lakatos (2003), ao discutir o processo científico, apontam que as hipóteses ou proposições podem ser elaboradas **sob várias perspectivas** e que podem enriquecer a análise quando utilizadas de maneira complementar:

→ Com base no conhecimento ou intuição do pesquisador, ao analisar a correlação entre fenômenos.

- → Por meio da observação de fatos ou da correspondência entre eles.
- → Com base nas evidências de outros estudos ou de vinculações entre variáveis similares que prevalecem no estudo.
- → Por deduções lógicas do contexto de uma teoria, por meio de proposições gerais, chega-se a uma hipótese que afirma uma sucessão de fatos ou relação entre eles.
- → Originadas de culturas gerais das sociedades, nas quais o pesquisador está inserido, exemplo comum nas ciências sociais.
- → Por analogia entre as causas da natureza ou referências de outras ciências.
- → Pela maneira particular pela qual o indivíduo reage aos fatos, à cultura em que vive, à ciência, às observações ou ao quadro de referências de outras ciências.
- → Oriundas de discrepâncias em relação às explicações e previsões de teorias.

Adaptando da abordagem científica de Marconi e Lakatos (2003) para a metodologia do PBL, as hipóteses são:

- → Formuladas como resposta provisória para a questão-problema.
- → De caráter explicativo ou preditivo.
- → Compatíveis com o conhecimento (coerência externa) e revelando consistência lógica (coerência interna).
- → Passíveis de verificação empírica.
- → As possíveis causas dos problemas.

Em algumas escolas, os alunos definem as **hipóteses explicativas** e, posteriormente, quando há referencial, estas passam a se chamar de **proposições**.

Como sequência do mesmo exemplo, iniciado no contexto, é apresentado o problema e segue-se para o **detalhamento das hipóteses** (Figura 2.6):

Hipóteses:

1. A cobrança ocorre sobre a pessoa errada, logo não existe interesse em planejar adequadamente.
Referencial: Comportamental, liderança, desenho da avaliação de desempenho.

2. As pessoas não entendem a importância da acurácia.
Referencial: planejamento e controle.

3. As pessoas não querem ser cobradas e coletivamente não se preocupam em atingir a meta (quando "ninguém" consegue atingir é porque não é possível)
Referencial: Lógica de poder e política.

Figura 2.6. Hipótese/proposição: exemplo hipotético.

As hipóteses oferecidas levam em conta diferentes perspectivas. A primeira considera que a "**cobrança ocorre sobre a pessoa errada, logo não existe interesse em planejar adequadamente**". A pessoa é cobrada por não ser a mais adequada ou por não ter ligação com o evento propriamente dito. Para analisar essa alternativa, a literatura a ser pesquisada deve tratar de estruturas organizacionais e nível de responsabilidade. Pode ocorrer na empresa uma situação em que quem planeja não é a mesma pessoa que executa, que deveria prestar conta sobre o tema. Em termos de contato com o contexto vivido, verifica-se por que essa pessoa específica é cobrada e se existe alguma questão ligada ao histórico ou circunstância. Outra abordagem relacionada com a mesma hipótese está ligada às questões comportamentais e de liderança, em que seriam discutidos elementos referentes ao interesse em se envolver no processo de planejamento e mecanismos de reforço.

A segunda hipótese se refere a "**não entender a importância da acurácia**". Isso pode acontecer tanto porque o nível de acurácia esperada não foi definido como por não entender o impacto gerado por linhas específicas de resultado ou mesmo por não ter uma visão sistêmica do modelo de planejamento e controle. Uma variação de 10% nas vendas gera impacto no custo, na margem, no lucro, nos estoques, no caixa, e assim por diante. O referencial do planejamento e controle deveria ser uma base relevante para discutir essa hipótese.

Quanto à terceira hipótese, "**as pessoas não querem ser cobradas**", é levada em conta o *status quo*, provavelmente construído no momento que o resultado favorável cobriu ineficiências em várias áreas, e, por ser algo entendido como geral, ninguém foi penalizado. O referencial pertinente a poder pode trazer luzes sobre essa discussão.

Uma questão importante nas hipóteses é que podemos, muito frequentemente, ter várias hipóteses que se combinam e proporcionam efeito muito forte nas ocorrências. É por isso que a separação nos permite entender de maneira adequada o que está acontecendo e se preparar para a solução do problema, que pode ser de curto, médio e longo prazos.

2.7. PREPARAÇÃO INICIAL AO PBL: AÇÕES INDIVIDUAIS E INSTITUCIONAIS

Concomitantemente, a instituição de ensino superior (IES) deverá preparar-se em termos de espaços físicos, pois a prática do PBL não encontra abrigo na maioria das salas de aula do país. Na verdade, para a utilização do PBL, é necessário um modelo mais flexível no mobiliário de nossas salas tradicionais – não ao modelo nuca a nuca –, isto é, precisamos de pelo menos três momentos dentro de uma sala de aula voltada ao PBL: (i) momento que o professor facilitador fará a exposição do problema, necessitando que os discentes se voltem para o professor facilitador; (ii) o momento que os discentes trabalham individualmente ou em grupos para solucionar o problema proposto (mobiliário que possibilite o agrupamento, o debate e a pesquisa, inclusive *online*); e (iii) o momento de apresentação dos resultados, das contribuições e dos confrontamentos. Em especial neste momento, o mobiliário deverá permitir o debate coletivo, frente a frente, todos no mesmo nível hierárquico. Logo a IES deverá preocupar-se em oferecer um modelo de sala de aula com mobiliário flexível, com arquitetura de interiores agradável e convidativo à aprendizagem (que será sugerido no Capítulo 6).

Indubitavelmente, a IES, que tem em sua direção, administradores flexíveis e com olhares mais atentos a esta nova geração de alunos, possivelmente formará uma massa crítica, que extrapolará os limites da IES, chegando com sucesso ao mercado de trabalho. Como ganho, a instituição obterá maior exposição de sua imagem (em relação às IESs concorrentes) de maneira positiva perante as empresas e os ex-alunos, fortalecendo-se como uma instituição de ensino inovadora e formadora de profissionais mais preparados para enfrentar problemas existentes na vida real de seus egressos.

2.8. COMO USAR

O problema resolvido em cada aula

Pode ser aplicado tanto no início do curso como em outro momento mais avançado, mas tem o mérito de aliar, a cada aula, aspectos conceituais que podem ser ministrados pela primeira vez (no caso de ser oferecido no início do curso) ou algo que proporcione integração de conhecimentos (momento mais avançado do curso). Em princípio, não existe limitação de ser utilizado em momentos mais avançados dos cursos, mas como é a formatação mais simplificada, proporciona treinamento aos alunos nos momentos iniciais dos cursos, para que sejam expostos às abordagens mais complexas como do *case* e *project* em momentos mais ao fim dos cursos.

O caso

Normalmente, é aplicado em um momento mais avançado, proporcionando integração de conhecimentos. Propicia percepção de praticidade, ao permitir que o aluno operacionalize conhecimentos já adquiridos. Portanto, o mais comum é que apareça na vida dos alunos a partir da metade do curso. Principalmente para alunos dos cursos das áreas de administração, ciências contábeis e sistemas de informações, a modalidade permite avanços relevantes na customização dos conhecimentos por parte dos alunos.

O projeto

Analogamente ao *case*, a modalidade do *project* costuma ser aplicada em um momento mais avançado, proporcionando integração de conhecimentos. Principalmente no que se refere aos alunos de engenharia, a integração ocorre de maneira abrangente com a operacionalização de conhecimentos já adquiridos. Sobretudo para alunos dos cursos das áreas de engenharia, a modalidade permite avanços relevantes na customização dos conhecimentos por parte dos alunos.

CAPÍTULO 3

ESTRUTURA CONCEITUAL – SOLUÇÃO PBL

!

OBJETIVOS DO CAPÍTULO

→ Especificar os vários tipos de PBL
→ Integrar os elementos contexto, problema e hipótese com a solução
→ Apresentar o processo de solução para os problemas

?

QUESTÕES PROVOCATIVAS

1. Como relacionar os elementos contexto, problema e hipótese convergindo para propostas de solução?
2. Como usar a mesma abordagem para os vários tipos de PBL?

3.1. INTEGRAÇÃO DE ELEMENTOS

A lógica do desenvolvimento do PBL está calcada no relacionamento entre o contexto em que o problema se enquadra, o próprio problema e as hipóteses das causas do problema. Esse conjunto permite que os conhecimentos a serem inseridos ou integrados ganhem força em termos de entendimento e aplicação em dado contexto, o que permite ao aluno realmente considerar isso como algo prático.

Quando os elementos são elencados, o resultado se torna consistente e claro para os agentes envolvidos. Quanto maior a complexidade do problema, mais efetiva será a utilização da abordagem, e o inverso também é verdadeiro.

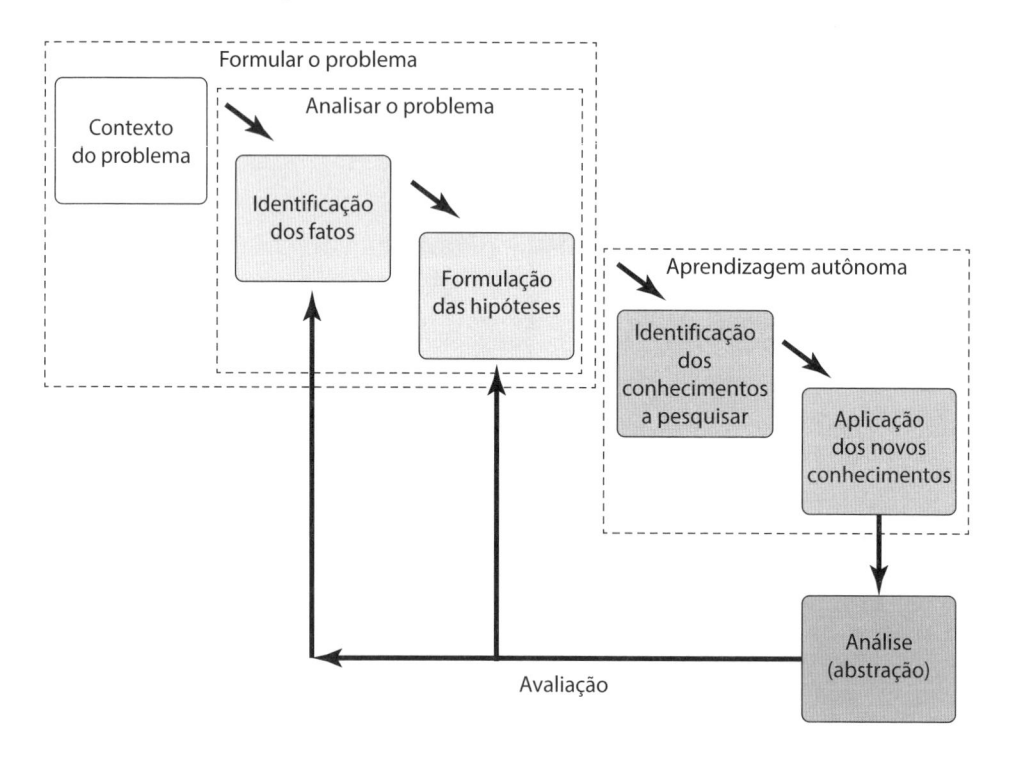

Figura 3.1. Estrutura de interação entre contexto, problema e hipótese.
Fonte: Adaptado de Hmelo-Silver (2004, p. 237).

3.2. DAS DEFINIÇÕES PARA AS SOLUÇÕES

A especificação de contexto, problema e hipóteses fixa os elementos que devem ser tratados para a solução do problema. A solução deve ancorar os elementos que resolvam ou mitiguem o problema definido.

ESTRUTURA CONCEITUAL – SOLUÇÃO PBL

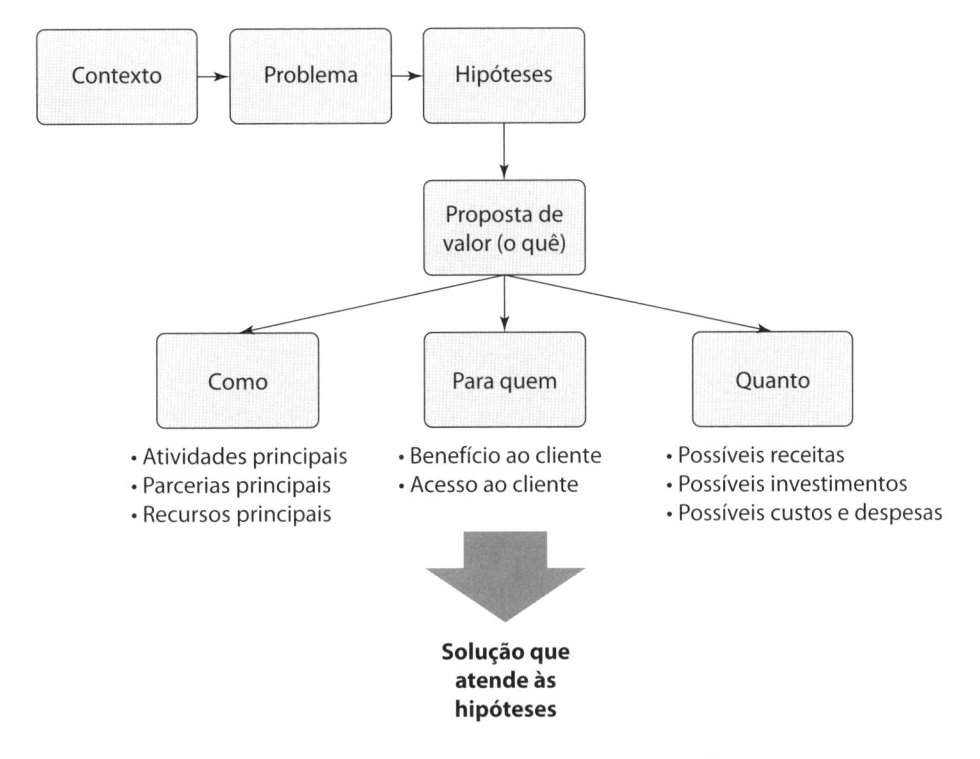

Figura 3.2. Estrutura de solução para o PBL.

Uma vez especificadas as hipóteses, em análise geral, define-se o que se chama de **proposta de valor**. Corresponde a especificar o que deve ser feito em termos amplos quanto ao contexto analisado. Pode ser uma proposta que agregue vários elementos ou um único para atender a demanda do problema. Na proposta de valor, deve-se definir o planejamento da solução que tende a mitigar, gerir, controlar ou eliminar o problema. A proposta de valor deve ser inovadora, estar relacionada com a melhoria do desempenho da tarefa, da atividade ou da empresa, e atender às necessidades específicas da empresa em termos de customização.

O item seguinte corresponde ao **como fazer**, identificando atividades e recursos e mesmo parcerias. Verificar se a proposta de valor pode ser atendida com os recursos e com as parcerias pensadas faz parte do processo. Os recursos consistem nos elementos necessários para o desenvolvimento da solução, que podem ser físicos, intelectuais, humanos e financeiros.

Além dos recursos, o como fazer envolve a determinação das atividades que são ações necessárias para a implementação da solução.

> *Na proposta de valor, deve-se definir o planejamento da solução que tende a mitigar, gerir, controlar ou eliminar o problema.*

43

Dependendo do nível de complexidade da proposta de valor, podem-se definir etapas e cronograma para implementação da solução. Por fim, caso seja necessário, pode-se definir o desenvolvimento de parcerias no nível organizacional, departamental ou individual que possam facilitar ou mitigar os riscos da intervenção proposta.

Igualmente importante é ter uma dimensão temporal para o que deve ser feito, identificando um cronograma que permita entender as melhorias parciais e totais. No mínimo, essa atitude traz um grau de realidade fundamental para a motivação e legitimação das propostas.

No momento seguinte, **para quem** a proposta de valor deve gerar benefício específico para a área, pessoa, empresa, sejam eles internos ou externos. Outro ponto importante é como essa proposta de valor vai ser transmitida ao "cliente", quanto a canais de comunicação, estrutura de poder que governam as relações no ambiente organizacional, bem como relacionamentos entre os gestores.

Por fim, o **quanto** se refere a valores envolvidos que devem ser especificados. A proposta de valor demanda, em maior ou menor grau, recursos tecnológicos, pessoais, financeiros para ser implementada, o que traz um custo (ou melhor investimento) para a empresa. Esse aspecto é relevante para se avaliar a viabilidade técnica e financeira para realização de uma intervenção.

A abordagem deve levar em conta que esse conjunto evidencia a solução proposta para um dado problema e deve tratar os pontos levantados pelas hipóteses.

Uma vez propostos os elementos de análise e solução do problema, é fundamental avaliar se eliminam essas hipóteses identificadas.

Foi estruturado o Capítulo 9 totalmente dedicado ao modelo CANVAS, que trata dos vários elementos em detalhe e suas origens. O modelo pode se adequar perfeitamente ao problema considerado ou necessitar de ajustes. Dessa maneira, neste Capítulo 3, utilizamos os elementos de maneira simplificada e resumida com o objetivo de permitir o entendimento geral.

Criamos alguns exemplos para facilitar o entendimento:

EXEMPLO 1:

Contexto de uma empresa nacional que comercializa alimentos para a região urbana de São Paulo. A empresa está situada em Santo Amaro desde o início de suas atividades, no ano de 1980. Investimento feito em equipamentos da ordem de R$ 50 milhões, empregando cerca de 200 pessoas. Cultura de empresa familiar, em que o fundador saiu recentemente da empresa e começa a profissionalização com a contratação de um *controller*. Tem auferido lucros expressivos nos últimos anos, embora relativamente estabilizados. Melhor dizendo, estagnados. Existem reuniões mensais com a participação de diretores e gerentes, e todos as consideram praticamente inúteis.

Problema: sensação de que as reuniões mensais de negócios não agregam valor à gestão da empresa.

Hipóteses das causas do problema:
a) o relatório de desempenho utilizado é impreciso e não mostra os elementos relevantes. Referencial de controladoria e contabilidade;
b) as pessoas não foram preparadas para participar da reunião e não sabem como se comportar. Referencial de desenvolvimento de gestores; e
c) os resultados financeiros da empresa não são os esperados e todos tentam fugir dos problemas. Referencial de controladoria e de comportamento.

Proposta de valor: tornar a reunião mensal um rito que contribua para a gestão da organização e seja valorizada pelos gestores

Como:

Afeta o item "a" das hipóteses: identificar a causa dos erros e corrigi-los, elaborar o relatório mensal em um formato que facilite o entendimento e proporcione discussões e decisões. Essa ação deve ocorrer nos próximos 60 dias.

Afeta o item "b" das hipóteses: *workshop* discutindo expectativas, esclarecimentos e apoios. Pode ser programado para ocorrer em 30 dias.

Afeta os itens "b" e "c" das hipóteses: treinamento para os gestores, tanto na interpretação dos resultados como nas metodologias para projeções. Embora este seja contínuo, há uma separação das atividades que são feitas em dado momento (exemplo "b") e das que são continuas e decorrem das primeiras.

Afeta os itens "a", "b", "c" e "d" das hipóteses: cronograma desse desenvolvimento. Para isso, um horizonte específico de tempo deve ser definido.

Afeta os itens "a", "b", "c" e "d" das hipóteses: garantir a presença do fundador nas reuniões, buscando seu apoio.

Para quem:

A empresa é a grande beneficiária, mas, do ponto de vista do negócio, o grupo de gestores é que deve se beneficiar.

Quanto:

Gastos com terceiros e alocação de pessoal interno devem ser orçados.
Este é um projeto em que expectativas de acréscimo de receitas ou redução de custos são complexas, pois se trata de algo muito qualitativo.

EXEMPLO 2:

Contexto de uma empresa nacional que lança um novo alimento para a região urbana de São Paulo. A empresa está situada em Santo Amaro desde o início de atividades, no ano de 1980. Investimento feito em equipamentos da ordem de R$ 50 milhões, empregando cerca de 200 pessoas. Cultura de empresa familiar na qual o fundador saiu recentemente da empresa e começa a profissionalização com a contratação de um *controller*. Tem auferido lucros expressivos nos últimos anos, embora relativamente estabilizados. Melhor dizendo, estagnados.

Problema: nível de venda 20% abaixo do previsto enquanto a concorrência está crescendo

Hipóteses das causas do problema:

a) preço fora dos limites aceitáveis pelos clientes;
b) entrega do produto fora da especificação desejada pelos clientes;
c) entrega de produto fora do canal de distribuição mais favorável; e
d) sabor do alimento não é agradável ao paladar.

Proposta de valor: entender o que aconteceu e corrigir a perda.

Como:

a) pesquisa junto aos clientes quanto às hipóteses "a", "b", "c" e "d";
b) pesquisa junto aos concorrentes para comparar produtos e desempenho;
c) define-se onde deve ser feita a pesquisa e por quem;
d) correções nos elementos que geraram problemas; e
e) cronograma desse desenvolvimento deve ser oferecido com perspectivas de benefício paulatino. Para isso, um horizonte específico de tempo deve ser definido.

Para quem:

A **empresa** é a grande beneficiária, mas, do ponto de vista do negócio, o **cliente** também o é.

Quanto:

Gastos com terceiros e alocação de pessoal interno devem ser orçados. Caso sejam requeridos, investimentos adicionais em equipamentos ou outros ativos de longo prazo devem ser considerados.

Por outro lado, as expectativas de acréscimo de receitas devem ser projetadas ao longo de dado horizonte.

EXEMPLO 3:

Contexto de um grupo de investidores procura a empresa **Balança Mas não Cai Engenharia Civil S/S Ltda.**, na expectativa de prospectar a construção de um novo *shopping* em uma região em franco desenvolvimento, de determinada cidade no Sul do país. Por meio do mercado imobiliário, a empresa apresenta quatro prováveis terrenos, que atenderia à necessidade em termos de tamanho para sua construção.

Problema: decidir qual(is) dos terrenos é(são) o(s) mais recomendado(s) para a construção do empreendimento.

Hipóteses das causas do problema:
a) Nem todos os terrenos permitem o melhor posicionamento quanto a localização, com base nos equipamentos urbanos e na infraestrutura urbana existente nas proximidades, o que causa incerteza quanto ao retorno;
b) O coeficiente de aproveitamento e a taxa de ocupação afetam diretamente as dimensões da obra, em termos de áreas e quantidade de pavimentos;
c) Nem todos os terrenos permitem a construção deste tipo de edificação;
d) A diferença de topografia dos terrenos é um fator importante na definição dos custos para a execução da obra; e
e) As características geológicas do solo estão fortemente ligadas à quantidade de subsolos para estacionamento que a obra poderá ter. Consequentemente, haverá alteração nos custos de execução da obra.

Proposta de valor: evidenciar ao grupo de investidores a melhor alternativa de retorno.

Como:
a) fazer um levantamento técnico na região sobre os equipamentos urbanos existentes (pontos comerciais, obras públicas, transporte público, entre outros) e sobre a infraestrutura (asfalto, saneamento, disponibilidade de energia, telefonia, cabeamento em fibra ótica, entre outros);
b) fazer um estudo detalhado do código de obras e posturas do município em questão e do seu plano diretor (leis de zoneamento) para verificar o que pode ser construído, como pode ser construído, a taxa de ocupação e o coeficiente de aproveitamento máximo para cada um dos terrenos envolvidos;
c) executar o levantamento topográfico planialtimétrico, isto é confrontar as divisas existentes *in loco* com os documentos apresentados pelo registro de

imóvel e levantar os desníveis naturais dos terrenos, elaborando plantas e cortes detalhados dos perfis topográficos dos terrenos;

d) executar sondagens no solo de cada terreno para verificar o perfil geológico da composição do solo, bem como a existência ou não: de rochas, de lençóis freáticos, de gases e camadas de solos instáveis; enfim, levantar tudo o que poderia tornar a obra mais dispendiosa durante sua execução; e

e) desenvolver projeções financeiras sobre o projeto.

Para quem:

O **grupo de investidores** é o grande beneficiado.

Quanto:

Os gastos para elaboração desse parecer técnico são compostos de duas partes: os honorários dos profissionais envolvidos para a elaboração da peça técnica (parecer técnico composto por textos explicativos, plantas, mapas e documentos que serviram de embasamento ao trabalho); e levantamentos de campo envolvendo pessoal para pesquisa de dados, levantamentos topográficos e geológicos e ainda equipamentos técnicos profissionais para de sondagem de solos e para levantamentos topográficos.

Com base na boa técnica de engenharia, pode-se afirmar que a resolução deste problema oscilaria entre 3% e 6% do valor da obra. Porém, a decisão correta, sem sobressaltos e sem surpresas inesperadas durante a execução da obra, gerará o valor do montante a ser gasto, isto é, não ocorrerá a necessidade de aditivos financeiros e/ou atrasos no cronograma de execução.

3.3. OS TIPOS DE PBL

Quando se fala em maior ou menor complexidade dos problemas escolhidos, as aplicações de PBL podem ter complexidades diferentes. Os trabalhos realizados pelos pares, de acordo com esta última análise, mostram que o PBL tem metas educacionais mais específicas e muito diferentes das concebidas habilidades para resolver problemas específicos propostos em currículos e disciplinas. Observa-se que, mesmo havendo um grau de liberdade na escolha dos problemas, estes deverão estar inter-relacionados, isto é, o método tem o aprendizado em uma gama de conhecimentos integrados e estruturados em torno de situações reais/profissionais, e a promoção de habilidades de aprendizagem autônoma e do trabalho em equipe.

Outro mote é que os problemas apresentam também outros atributos diferenciais para a vida profissional, tais como: a adaptabilidade às mudanças, a capacidade de solucionar problemas em situações não rotineiras, o desenvolvimento criativo e crítico, a adoção de métodos sistêmicos e holísticos, e a responsabilidade com o aprendizado e o aperfeiçoamento contínuos (RIBEIRO, 2008; ARAÚJO; ARANTES, 2009).

Mediante a pretensão de se sintetizar o conhecimento prévio aprendido, desenvolver competências e afinar o pensamento crítico, pode-se utilizar *Problem-based Learning* (*One-day One-problem*), *Case-based Learning* ou *Project-based Learning*.

Para a abordagem *Problem-based Learning* (*One-day One-problem*), o professor facilitador define um problema a cada aula e trabalhará com um dos itens do programa da disciplina, desenvolvidos pelos discentes. Observa-se que, nesta modalidade, o problema deverá ser resolvido quanto a começo, meio e fim, na mesma aula. Neste caso, na maioria das vezes, o problema traz um viés didático, e o professor facilitador aproveita o problema para explicar os conteúdos envolvidos no tópico escolhido da disciplina. Essa abordagem é ideal para docentes menos experientes e para alunos nas séries iniciantes dos cursos, uma vez que é o modelo que tem maior proximidade com o ensino tradicional. Destaca-se que, nesta modalidade, a "passagem" do modelo tradicional de ensino para o PBL será "suave" para ambos os lados.

> *Para a abordagem PBL (One-day One-problem), o professor facilitador define um problema a cada aula.*

Se de um lado existem alunos acostumados a apenas receber conhecimentos prontos, por meio de aulas expositivas, por outro lado temos docentes também acostumados ao mesmo sistema e que podem ter receio de perder o controle da sala de aula e, por conseguinte, a confiança dos alunos.

Para a modalidade *Case-based Learning*, o docente pode trazer os problemas que deseja explorar em seu ambiente de aprendizagem. Entretanto, principalmente nas disciplinas que ocorrem mais ao fim do curso, o aluno traz o problema para a sala de aula, problema este que geralmente vem do contexto da experiência de vida do aluno, com base em suas atividades na empresa em que trabalha ou em seu estágio realizado durante o curso. O trabalho do professor deve abranger a análise, sugestões para que o problema se torne um bom problema para os objetivos de aprendizagem e isso demanda envolvimento e *feedback* aos alunos.

Observa-se que, neste caso, exige-se certo nível de experiência por parte do professor facilitador, para que ele possa controlar as discussões que possam surgir e dos resultados para fazer suas ponderações e/ou sugestões de melhorias nas soluções apresentadas. Reitera-se que, além da experiência, o docente seja organizado, isto é, receba as possíveis soluções, reserve um prazo para estudá-las fora do ambiente de aulas e faça as devolutivas (*feedback*) com brevidade. Assim, o docente terá tempo para buscar conhecimentos que talvez ele não domine, por meio de pesquisa ou discussão com um colega.

> *Para a modalidade Case-based Learning, o docente pode trazer os problemas que deseja explorar em seu ambiente de aprendizagem.*

Cabe salientar que, nesta modalidade, o professor facilitador terá de construir soluções e respostas junto com os alunos, pois, como o professor não tem o controle do problema, ele também não terá, provavelmente, uma solução imediata e única. Por outro lado, é o modelo que propicia maior aprendizagem para a vida profissional dos discentes, pois, no mercado de trabalho, os problemas serão provavelmente inéditos e eles terão que construir soluções. Destaca-se que esta modalidade é recomendada para docentes mais experientes e para alunos nos estágios mais avançados dos cursos, pois os alunos, também deverão ter certa experiência com o PBL (recomenda-se para alunos que tenham passado pelo menos por uma das modalidades – *Problem-based Learning (One-day One-problem)* e ou *Project-based Learning* e, também alguma experiência de mercado (trabalho e ou estágios) para propor problemas que sejam plausíveis.

Por sua vez, na abordagem *Project-based Learning*, o professor facilitador tem diretrizes para o produto final, pois o problema (ou projeto) pode ser definido pelo professor. Quando é o definidor do problema, o professor tem melhor controle a cada encontro do desenvolvimento e da aprendizagem de cada aluno, pois ele poderá controlar o processo e compará-lo ao cronograma proposto para a disciplina. Esta modalidade também se aproxima um pouco da abordagem tradicional, deixando o docente em uma posição razoavelmente confortável, pois geralmente não surgirão surpresas nas soluções e/ou soluções totalmente desconhecidas pelo professor. Dependendo do momento do curso que o aluno está, a liberdade pode ser deslocada para os alunos, que podem definir os projetos que desejam fazer.

> *Na abordagem* Project-based Learning, *o professor facilitador tem diretrizes para o produto final, pois o problema (ou projeto) pode ser definido pelo professor.*

O Quadro 3.1 sintetiza as principais semelhanças e as diferenças entre as três abordagens.

Quadro 3.1. Semelhanças e diferenças: *Problem-based Learning* e *Project-based Learning*

SEMELHANÇAS	DIFERENÇAS		
	PROBLEM-BASED LEARNING (ONE-DAY ONE-PROBLEM)	PROJECT-BASED LEARNING	CASE-BASED LEARNING
→ Envolvem os alunos em problemas reais. → O aluno é o centro do processo de ensino-aprendizagem.	→ Desfecho: apresenta, por meio de relatório ou apresentação oral, uma proposta de solução para o problema de baixa complexidade conceitual e teórica.	→ Desfecho: apresenta relatório, tratando problema de grande complexidade, demanda consenso no grupo e pode ser finalizado com criação de um produto ou uma implantação de algum mecanismo complexo.	→ Desfecho: apresenta, por meio de relatório ou apresentação oral, uma proposta de solução para o problema de grande complexidade, no qual os alunos têm autonomia para identificar necessidades conceituais e teóricas.
→ Desenvolvem as competências do século XXI. → Proporcionam aplicações autênticas de conteúdos e habilidades.	→ Atividade principal: o inquérito de situações problemáticas; normalmente o problema é definido pelo professor.	→ Atividade principal: desenvolver soluções baseadas em evidências para um problema existente em alguma organização ao alcance dos alunos.	→ Atividade principal: desenvolver soluções baseadas em evidências para um problema existente em alguma organização, o qual será definido pelos alunos e estará ao alcance deles.
→ Incentivam a autonomia e a pesquisa. → Trabalho em pequenos grupos.	→ Duração: uma ou duas aulas.	→ Duração: semanas ou meses.	→ Duração: semanas ou meses.
→ Simulação de uma situação profissional. → Processamento de múltiplas fontes de informação.	→ Princípio: aprendizagem interativa.	→ Princípio: gerenciamento de projetos, considerando até mesmo a perspectiva de implementação.	→ Princípio: aprendizagem interativa. A implementação não é necessariamente apresentada como etapa.

(continua)

(continuação)

SEMELHANÇAS	DIFERENÇAS		
	PROBLEM-BASED LEARNING (ONE-DAY ONE-PROBLEM)	PROJECT-BASED LEARNING	CASE-BASED LEARNING
→ O professor é o facilitador no processo de ensino aprendizagem. → A avaliação é formativa e baseada no desempenho (autoavaliação e avaliação pelos pares).	→ Aprendizagem autodirigida: plenamente centrada no aluno em um ambiente predefinido.	→ Aprendizagem autodirigida: aprendizagem centrada no aluno dentro de um projeto definido.	→ Aprendizagem autodirigida: plenamente centrada no aluno em um ambiente definido pelo perfil do grupo.

Fonte: Frezatti e Martins (2016).

A mudança do método convencional de ensino, que busca atender às novas diretrizes curriculares dos diversos cursos propostos pelo MEC, poderá ser implementada por meio de diversos métodos, práticas e ou propostas. Contudo, orienta-se que, ao se escolher o PBL, as recomendações feitas têm por objetivo proporcionar integridade da prática. Por exemplo, uma mudança no método de aprendizagem tradicional para outro ativo, como o PBL, não é suficiente se ajustes não forem feitos nos métodos de avaliação, seleção de material, entre outros quesitos discutidos neste livro. Somente assim, o modelo didático representaria uma prática estrutural coerente (KOLMOS; GRAAFF, 2003).

Ainda que tenham sido apresentadas algumas abordagens quanto à intensidade e dificuldade de problemas, podemos discutir o tema a partir de alguns eixos que podem afetar o desenho do projeto pedagógico: o momento do curso, o tipo de curso e o papel da disciplina no conjunto de elementos do curso. Sem pretender esgotar o assunto, podemos indicar a modalidade mais simples que é do **problema resolvido a cada aula** e as modalidades mais complexas e integrativas como o *case problem* e o *project problem*.

3.4. COMO USAR

Que tal você desenvolver alguns exemplos de análise utilizando a abordagem PBL? Vamos tornar prática a leitura?

1. Vamos começar pelo **contexto** em que você tem vivência, detalhando história, cultura, processos, tecnologia, produtos, clientes, questões geográficas e das

pessoas, ou seja, aspectos que são relevantes para se caracterizar o problema. O contexto pode envolver níveis diferentes de análise, como o ambiente externo, a empresa e suas áreas internas, quando for requerido para entender o problema.

2. O **problema** deve ser explicitado, primeiro de maneira descritiva, em 15 a 20 linhas e com uma sintetização do mesmo que resuma seu conteúdo. Ao definir o problema, pode ser necessário retocar o contexto, trazendo detalhes ou explicando algo que teria passado despercebido.

   O problema tem de ter a complexidade necessária, sem ser fácil demais, nem ser demasiado difícil de ser atendido. Um bom problema demanda a avaliação dos cinco quesitos apresentados por Sockalingam e Schmidt (2011), e tratado no Capítulo 2 no quesito "bom problema".

   Dependendo das estruturas institucionais, teremos um problema por dia, o *Case-based Learning* ou o *Project-based Learning* como perspectiva de desenvolvimento e a expectativa deve ser declarada.

3. Esclareça quais **hipóteses** devem sustentar a análise, lembrando que as hipóteses são causas para a existência do problema. Vão direcionar a solução, e os cuidados devem ser tomados para que as hipóteses não sejam simplesmente soluções listadas.

4. Uma vez definidas as hipóteses, que conceitos, definições e experiências anteriores já foram tratadas na literatura? Trata-se de mapear os **referenciais** que devem ser integrados ao projeto.

5. Uma vez estruturados o contexto, o problema, as hipóteses e os referenciais, caminhamos para o momento de análise e da proposta de solução.

6. Nem sempre a **proposta de valor** é algo fácil de ser sintetizada. Principalmente, quando as hipóteses envolverem áreas diferentes de conhecimento, ou de atuação ou de elementos, como tecnologia e pessoal. Na proposta de valor, deve-se definir o planejamento da solução que tende a mitigar, gerir, controlar ou eliminar o problema.

7. **Como fazer**, identificando as **atividades, recursos e mesmo parcerias, em dado horizonte temporal**. Verificar se a proposta de valor pode ser atendida com os recursos e com as parcerias pensadas faz parte do processo.

8. Em alguns momentos será evidente que **para quem** a proposta de valor deve gerar benefício específico deverá anteceder o **como fazer**. Em outros casos, será implícito. Pode ser uma singular pessoa, uma área ou mesmo a empresa como um todo.

9. O **quanto** deve especificar a proposta de valor demandada, em maior ou menor grau, recursos tecnológicos, pessoais, financeiros para ser implementada, o que traz um custo (ou melhor investimento) para a empresa. Esse aspecto

é relevante para se avaliar a viabilidade técnica e financeira para realização de uma intervenção.

Os leitores vão perceber que o desenvolvimento do conjunto de solução demanda idas e vindas, repensando o conjunto de elementos. Ao fim, deve ser avaliado se esse conjunto atende à demanda do problema, eliminando ou reduzindo suas causas (hipóteses). Quando a resposta for "sim", significa que a análise pode ser encerrada.

CAPÍTULO 4

ESTRUTURA CONCEITUAL – COMPETÊNCIAS

OBJETIVOS DO CAPÍTULO

→ Apresentar o CHA
→ Explicitar os benefícios da inclusão de habilidades e atitudes nos cursos de negócios
→ Demonstrar a aplicabilidade do CHA
→ Identificar as limitações do CHA
→ Tratar a questão do envolvimento dos docentes na abordagem

QUESTÕES PROVOCATIVAS

1. O que muda na classe quando se foca o CHA?
2. Que benefícios os alunos podem ter ao tratar o CHA?
3. Como avaliar o CHA na sala de aula? Na verdade, este deve ser avaliado?
4. Haveria associação entre os elementos das habilidades e atitudes?
5. Como preparar os alunos e professores para a abordagem?

4.1. AS COMPETÊNCIAS NO MUNDO DOS NEGÓCIOS

O ensino por competências, tanto na formação geral quanto na profissional, com ênfase para esta última, surge nas décadas de 1960 e 1970. Um dos argumentos em favor das competências é a aproximação entre escola e trabalho, na tentativa de mudar a relação entre a teoria e a prática, entre o geral e o específico. Há relatos de que no Brasil, nos anos 1970 e em parte da década de 1980 (VASCONCELOS; CAVALCANTE; MONTE, 2011; THERRIEN; LOIOLA, 2001), o ensino ficou à mercê da pedagogia dos objetivos (tecnicista). Somente a partir dos anos de 1990, as diretrizes curriculares passam a propor a pedagogia das competências.

No século XXI, o processo de ensino e de aprendizagem por competência, embora seja uma abordagem em desenvolvimento, tem sido cada vez mais discutido, tendo em vista a intensidade e a velocidade com que acontecem as mudanças no perfil dos estudantes, as alterações emergentes no mercado profissional e o avanço tecnológico, que promovem transformações constantes na maneira como vivemos, aprendemos, trabalhamos e atuamos em uma sociedade digital e baseada no conhecimento.

> *Um dos argumentos em favor das competências é a aproximação entre escola e trabalho, na tentativa de mudar a relação entre a teoria e a prática, entre o geral e o específico.*

Na área de negócio, as IES são as responsáveis por formar cidadãos com competências imprescindíveis para o desenvolvimento não apenas profissional, mas também pessoal, interpessoal e social. Desaulniers (1997) alerta que o processo de construção da competência, ao se basear em habilidades (e, a nosso ver, também as atitudes) que envolvem todas as dimensões do indivíduo, implica rupturas tanto na dinâmica interna dos espaços institucionais voltados a esse tipo de formação, como também na própria dinâmica dos demais espaços sociais em que esse indivíduo atua como cidadão. Tais rupturas tendem a produzir novas possibilidades de construção da cidadania.

A seguir, são apresentadas as características, os elementos e os procedimentos pedagógicos para o desenvolvimento do ensino de competências.

As principais **características** da implantação dessa abordagem no ensino na área de negócios estão em promover no indivíduo a capacidade de:

- → Aplicar o saber no contexto social.
- → Atender as demandas do mercado de trabalho do futuro profissional, pois há necessidades das competências para o desenvolvimento da profissão no dia a dia do mercado de trabalho.
- → Aplicar os conhecimentos das matérias convencionais em contextos variados à resolução de situações ou problemas reais.
- → Transferir e aplicar o conhecimento em diferentes contextos.

→ Realizar determinada tarefa no dia a dia de forma eficiente (ZABALA; ARNAU, 2014).

Os **elementos de destaque** na educação por competência são: a prioridade atribuída aos conhecimentos aplicados na prática e o desenvolvimento das capacidades (habilidades e atitudes) da pessoa para poder intervir de modo eficaz nos diferentes âmbitos da vida, ou seja, a capacidade do aprendiz para transferir e aplicar seus conhecimentos em diferentes contextos (ZABALA; ARNAU, 2014).

De acordo com Desaulniers (1997), os **procedimentos de cunho pedagógico**, necessários para a construção de competências, são:

- → Definir, o mais precisamente possível, o perfil do profissional a ser formado, que envolva o conjunto de suas dimensões como um ser integral.
- → Instaurar estratégias de aprendizagem que se vinculam ao conjunto de conhecimentos já acumulados pelo formando, a partir de situações-problema a serem resolvidas por ele. Assim, é possível desafiá-lo a aplicar, da maneira mais articulada possível, todos os inúmeros saberes que ele dispõe até o momento.
- → Articular teoria e prática, o que supõe uma revisão do senso comum sobre a relação entre conhecimento científico e prática. Essa postura repousa na ideia de que os conhecimentos não se apoiam apenas nos saberes disciplinares e, menos ainda, nos conhecimentos técnicos.
- → Propor uma dinâmica que envolva as qualidades humanas, a formação técnico-científica com instrumentos especializados confiáveis, devidamente ratificados pela ciência, a qual desempenha um papel decisivo/fundamental no desenvolvimento da competência.
- → Priorizar as propostas educativas de cunho interdisciplinar, com o intuito de instaurar uma visão mais globalizante do real, que seja capaz de combater a da fragmentação.
- → Insistir em relações baseadas na interação e flexibilidade entre os vários agentes que atuam na construção desse processo.

4.2. CONHECIMENTOS, HABILIDADES E ATITUDES: CHA

A ênfase deste capítulo está na discussão do **conceito de competência** sob a perspectiva do CHA. De acordo com Fleury e Fleury (2000), foi disseminado por McClelland (1973) e Boyatzis (1980), que apresentam a competência como um conjunto de capacidades humanas em que:

- → C são os Conhecimentos.
- → H são as Habilidades.
- → A são as Atitudes.

Spencer e Spencer (1993) acreditam que os melhores desempenhos estão fundamentados na inteligência e personalidade das pessoas, pois é a aplicação inter-relacionada do CHA que proporciona determinado desempenho ao indivíduo ao utilizá-los para solucionar problemas em seus diferentes contextos (LE BOTERF, 2000; ZARIFIAN, 1999, CARBONE et al., 2005). Cabe destacar a opinião de Zabala e Arnau (2014), ao afirmar que "a competência e os conhecimentos não são antagônicos, pois qualquer atuação competente sempre envolve o uso de conhecimentos inter-relacionados a **habilidades** e **atitudes**". Observa-se na Figura 4.1 uma discussão sobre cada um dos elementos do CHA.

Conhecimento	Habilidade	Atitude
• São informações que permitem ao indivíduo entender o mundo ao seu redor (DURAND, 2000). • São os saberes teóricos e práticos que cada pessoa acumula durante a vida, que impactam sobre seu modo de agir, julgar e atuar no meio (BRANDÃO, 2009). • São os saberes teóricos, formalizados e práticos, que podem ser transmitidos e adquiridos tanto no cotidiano social de cada indivíduo quanto na educação formal (MARTINS; ESPEJO, 2015). • São conteúdos sobre um assunto acadêmico e todos que participam do processo de ensino e aprendizagem deste devem compreendê-lo e aplica-lo na vida real (ZABALA; ARNAU, 2014).	• É a capacidade de aplicar o conhecimento adquirido por meio da educação formal e experiências de vida ao executar tarefas e solucionar problemas. • É a capacidade das pessoas de resgatarem e utilizarem seus conhecimentos, suas experiências anteriores e as técnicas necessárias para solucionar um problema atual. (BLOOM; ENGELHART; FURST; HILL; KRATHWOHL, 1979; BRANDÃO, 2009). • São elementos desenvolvidos pelos indivíduos e referem-se à capacidade do profissional de aplicar o conhecimento que possui (MARTINS; ESPEJO, 2015).	• São os atributos interpessoais (comportamento, valores éticos etc.) que estão relacionados ao querer fazer algo. • É o interesse e a determinação de um indivíduo para fazer algo ou assumir determinado comportamento. • São os reflexos da reação positiva ou negativa de um indivíduo a um estímulo (BOWDITCH; BUONO, 1992). • Estão relacionadas ao ato de querer fazer algo (DURAND, 2000). • Está atrelada a disposição, a intenção e/ou ao desejo, fato este que influencia a pessoa a adotar determinado comportamento em relação às demais pessoas, aos objetos e às situações (BRANDÃO, 2009, MARTINS; ESPEJO, 2015).

Figura 4.1. Conceitos do CHA.

Levando em conta as informações da Figura 4.1, para efeitos deste trabalho definiremos os elementos do CHA da seguinte forma:

→ **Conhecimentos:** são os saberes teóricos, formalizados e práticos, que podem ser transmitidos e adquiridos tanto no cotidiano social de cada indivíduo quanto na educação formal.
→ **Habilidades:** são elementos desenvolvidos pelos indivíduos e referem-se à capacidade do profissional de aplicar o conhecimento que possui.
→ **Atitudes:** está atrelada à disposição, a intenção e/ou ao desejo, fato este que influencia a pessoa a adotar determinado comportamento em relação às demais pessoas, aos objetos e às situações.

Ao promover o desenvolvimento de competências para que o futuro profissional seja capaz de atuar no mercado de trabalho para o qual escolheu como carreira profissional, atende a definição proposta por Therrien e Loiola (2001, p. 154): "[...] ser competente é ser capaz de utilizar e de aplicar procedimentos práticos apropriados em uma situação de trabalho concreta", ou seja, o CHA permite ao aprendiz aplicar os seus processos cognitivos ao desempenhar uma performance em um contexto não apenas profissional como também social (BRANDÃO, 2009).

Nos cursos de negócios, Competência é um conceito complexo que permeia tanto a esfera profissional quanto educacional. A percepção de Le Boterf (2000) sobre a competência está centrada na pessoa, em sua formação educacional e em sua experiência profissional. Tanto Le Boterf (2000) quanto Perrenoud (2000) a define como a capacidade de mobilizar diversos recursos cognitivos para enfrentar um tipo de situação. Para Le Boterf (2000) e Fleury e Fleury (2000), a competência emana um saber agir responsável do indivíduo em determinado contexto e que possa ser reconhecido pelos outros, que implica mobilizar, integrar, aplicar e transferir os conhecimentos, os recursos e as habilidades, de modo a agregar valor econômico à organização e valor social ao indivíduo.

> *Ser competente é ser capaz de utilizar e de aplicar procedimentos práticos apropriados em uma situação de trabalho concreta.*

Para Desaulniers (1997), a competência é inseparável da ação, e os conhecimentos teóricos e/ou técnicos são utilizados de acordo com a capacidade de executar as decisões que ela (a ação) sugere. Ou seja, competência é a capacidade de resolver um problema em determinada situação. A competência baseia-se nos resultados. Ensinar competências significa pensar no futuro e formar para a vida. A formação em competências visa preparar o aluno para pensar em problemas reais e formá-los de modo que sejam capazes de responder da maneira mais eficaz possível às situações reais do mercado de trabalho que são complexas, diversificadas e dificilmente previsíveis (Zabala; Arnau, 2014).

Um dos precursores da competência na área educacional foi Perrenoud (2000), que a apresenta sob quatro aspectos:

- As competências mobilizam, integram e orquestram Conhecimentos, Habilidades e Atitudes.
- Essa mobilização só é pertinente em situações em que o indivíduo executa tarefa e soluciona problemas tanto do cotidiano profissional quanto pessoal, sendo cada situação singular, complexa e envolvendo um contexto social específico.
- O exercício da competência passa por operações mentais complexas que permitem determinar, identificar e realizar de modo mais ou menos eficaz uma ação relativamente adaptada à situação.
- As competências profissionais constroem-se, tanto no processo educacional de formação do profissional, como nas diversas interações de situações-problema envolvendo o cotidiano de trabalho.

> *Competência é a capacidade de resolver um problema em determinada situação.*

A Figura 4.2 reflete a aplicação dos elementos do CHA no cenário acadêmico, envolvendo abordagens ativas de aprendizagem, no qual o discente é incentivado a trazer para a sala de aula o seu contexto por meio de um problema, ou seja, o seu cotidiano profissional. Estes problemas são relevantes, atuais e complexos da vida real, que emergem das empresas, ou seja, dos contextos sociais, econômicos e organizacionais dos quais os estudantes estão inseridos. É por meio desses problemas que os **Conhecimentos** técnico-científicos são tratados nos cursos que se utilizam de abordagem ativa, especialmente o método *Problem-based Learning* (PBL), motivando os estudantes a aumentarem o tempo dedicado aos estudos e a desenvolverem **Habilidades** e **Atitudes**, tornando-os profissionais efetivos para assumirem posições no mercado de trabalho e intrinsecamente motivados para aprender. Os estudantes que participam de processos educacionais envolvendo esta abordagem oferecem ao mercado de trabalho soluções que agregam valor, buscando resultados que promovem realizações tanto pessoal quanto profissional, bem como o desenvolvimento empresarial.

No tocante aos **C**onhecimentos, o direcionamento nos cursos da área de negócio é realizado por meio das diretrizes curriculares do curso emitidas pelo Ministério da Educação (MEC), implantadas pelos Projetos Políticos Pedagógicos (PPPs) das respectivas IES e, mais especificamente, pelos programas e planos de aulas de cada disciplina.

No PBL, os problemas propostos aos estudantes refletem o cenário real do ambiente profissional, o aprendiz é incentivado a utilizar seus **C**onhecimentos prévios, suas experiências de vida e buscar novos **C**onhecimentos para solucionar os problemas. Os problemas no PBL incorporam os objetivos do curso (DUCH, 2001) e promove uma interface de **C**onhecimentos no nível educacional, contemplado a inter, a trans e a multidisciplinaridade (ARAÚJO; ARANTES, 2009).

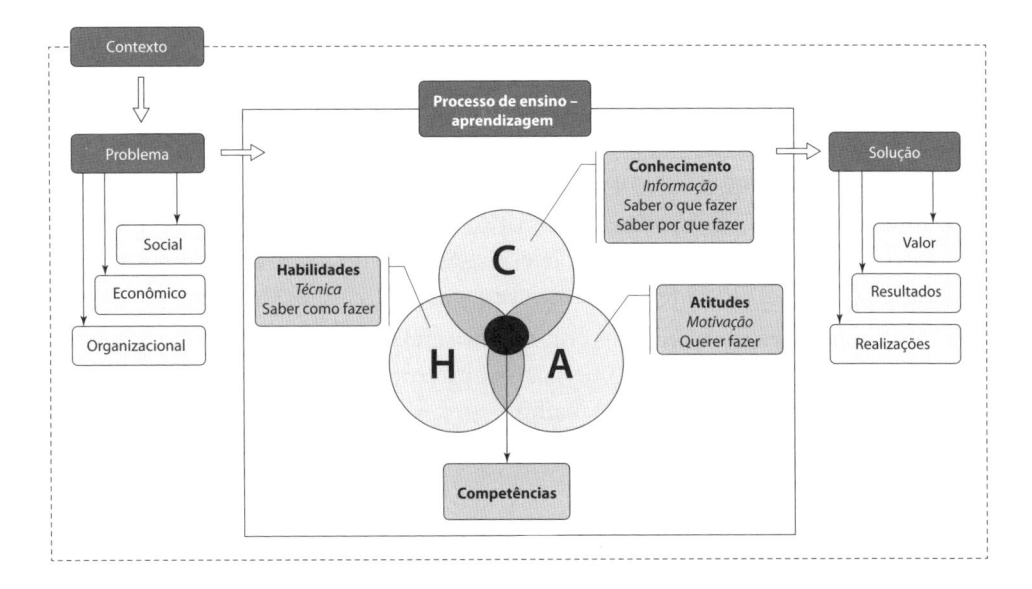

Figura 4.2. Desenvolvendo o CHA no PBL.
Fonte: Adaptada de Brandão (2009) e Fleury e Fleury (2001).

Nos cursos na área de negócio com a abordagem no PBL o **C**onhecimento contempla quatro elementos/temas (FREZATTI; BORINELLI; MARTINS; ESPEJO, 2016):

- Domínio da bibliografia referente ao problema.
- Conhecimento profissional.
- Ferramentas de pesquisa.
- Metodologia.

No PBL, os problemas propostos aos estudantes refletem o cenário real do ambiente profissional.

4.3. QUAIS HABILIDADES E ATITUDES EVIDENCIAR

O PBL proporciona a inserção das **H**abilidades e das **A**titudes no processo de ensino e de aprendizagem, ao permitir ao futuro profissional trabalhar cooperativamente em equipe e em pequenos grupos respeitando as opiniões dos colegas, desenvolver a liderança, o pensamento crítico e a capacidade de analisar e resolver problemas complexos e reais. Além disso, permite demonstrar habilidades comunicacionais, encontrar, avaliar e utilizar apropriadamente os recursos educativos da aprendizagem e utilizar o CHA que foi desenvolvido no decorrer de sua formação para exercer as atividades profissionais e promover a educação continuada. Estas competências se enquadram nos objetivos do PBL apresentados por Duch, Groh e Allen (2001),

Hansen (2006) e Savery (2006). O Quadro 4.1 apresenta uma lista de possíveis **H**abilidades e das **A**titudes no ensino em PBL na área de negócios.

Quadro 4.1. Componentes das H e A no ensino em PBL

HABILIDADES	ATITUDES
1. Trabalho em equipe	1. Comprometimento
2. Criatividade e Inovação	2. Ética
3. Visão sistêmica	3. Empatia
4. Comunicação	4. Flexibilidade
5. Planejamento	5. Interesse
6. Integração com a empresa	6. Curiosidade
7. Integração com outras disciplinas	7. Experiência profissional
8. Desenvolvimento de projetos	8. Respeito pelas opiniões colegas
9. Análise crítica	9. Colaboração/cooperação
10. Solução de problemas	10. Liderança
11. Autoavaliação	11. Iniciativa
12. Estudo independente	
13. Trabalho autorregulado	

Fonte: Adaptado de Martins e Espejo (2015); e Frezatti, Borinelli, Martins e Espejo (2016).

A pesquisa empírica realizada por Martins, Espejo e Frezatti (2015) com alunos de uma disciplina que utilizou como abordagem educacional o PBL na área de ciências contábeis, constatou-se que as **H**abilidades **trabalho em equipe, comunicação, análise crítica, solução de problemas e liderança** são competências atribuídas ao profissional da área e se enquadram nos objetivos do PBL. No tocante às **A**titudes, observou-se que, para um bom desempenho na disciplina, os alunos precisam apresentar **comprometimento, respeito pelas opiniões dos colegas, colaboração, liderança e iniciativa**, além de possuírem experiência profissional, tendo em vista que a disciplina contemplava, em sua maioria, a participação de alunos do último período do curso.

Considerando as disciplinas de fim de curso e o trabalho realizado com problemas emergentes do contexto real em que o aprendiz traz para a sala de aula um problema da empresa na qual realiza o estágio ou executa suas atividades profissionais, vinculadas ao tema da disciplina: tem-se como pré-requisito a experiência profissional. A definição de quais atitudes e quais habilidades enfatizar vai depender do contexto em um sentido bem amplo. Supondo ambiente de negócios, consideramos o conjunto apresentado no Quadro 4.1 que pretende ser relativamente abrangente e, ao mesmo tempo, básico para outros elementos.

Eles surgem em função de literatura disponível e pesquisa com executivos de empresas, que identificaram as **H**abilidades e **A**titudes mais demandadas pelas organizações. Existe a preocupação no sentido de ser abrangente em relação ao que se pretende na organização, interação entre os elementos, obtendo sinergia e capacidade de absorção pelas pessoas. Transplantada para o ambiente educacional, a lógica se mantém. Na verdade, mais que isso, com o passar do tempo e a aprendizagem organizacional, é bem provável que outras habilidades e atitudes sejam desejadas e enfatizadas. Por exemplo, resiliência e ética como algo a explorar, discutir e desenvolver podem ser incluídas na relação.

O Quadro 4.2 identifica **H**abilidades e **A**titudes que são demandadas por executivos das empresas, na área de ciências contábeis. Correspondem a fruto de uma pesquisa com as empresas e que podem ser estimuladas e paulatinamente ajustadas e ampliadas tornando o aprendizado algo dinâmico e contemporâneo. É fundamental que sejam especificadas e traduzidas para o contexto em que serão utilizadas, no nível da operacionalização. Por exemplo, o que significa trabalhar em grupo para os membros? Como traduzir a atitude de compromisso em uma disciplina? Isso se resolve com exemplos oferecidos pelos participantes.

A preocupação deste capítulo foi abordar a competência no âmbito do indivíduo sob o prisma da educação por competência, com ênfase no CHA. No entanto, há outros níveis e abordagens, envolvendo um conceito mais amplo e complexo de competência, em que pesquisadores investigam a competência no nível organizacional, observando tanto as equipes de trabalho quanto a organização como um todo.

Quadro 4.2. Componentes das H e A no âmbito empresarial

HABILIDADES	ATITUDES
Comunicação: comunicar-se claramente; falar diretamente aos membros do grupo; comunicar-se de maneira eficaz e concisa com os demais alunos e professores na forma escrita e oral; comunicar suas ideias, suas experiências e seus valores aos colegas, ao debater o conteúdo no grupo.	**Comprometimento:** comprometer-se com a obtenção de resultados positivos nas atividades sob sua responsabilidade; completar as tarefas atribuídas ou negociar alternativas se for incapaz de completar as tarefas atribuídas; ser pontual; participar das aulas e sessões tutoriais.
Trabalho em equipe: conseguir desenvolver trabalhos com outras pessoas; ajudar outro membro do grupo com seu trabalho; usar as informações fornecidas pelos membros do grupo para resolver o problema; contribuir para os objetivos do grupo.	**Flexibilidade:** adaptar-se às novas situações, quando necessário, perante novos desafios nos processos de resolução do problema; estar disposto a rever o processo de ensino com base em resultados de avaliações efetuadas; fazer autoavaliação do seu aprendizado e das pesquisas já realizadas.
Análise crítica: estimular o pensamento, a análise e o raciocínio; tomar decisões ou realizar julgamentos com base em fatos, informações, lógica ou racionalização; questionar a "sabedoria popular" e as suposições pessoais; fornecer base probatória para apoiar os argumentos.	**Colaboração/cooperação:** contribuir para os objetivos do grupo; trabalhar facilmente com os outros e contribuir para o trabalho da equipe; trabalhar arduamente nas tarefas atribuídas pelo grupo.
Solução de problema: buscar solução para os problemas, analisar as soluções e julgá-las; mostrar evidências do uso de novos conhecimentos na resolução do problema.	**Respeito pelas opiniões dos colegas:** reconhecer as contribuições dos colegas; permitir que os outros membros do grupo expressem suas opiniões; não ser rude, arrogante, nem paternalista; ouvir os outros membros do grupo e não interromper.
Liderança: incentivar o grupo a encontrar a solução para o problema e influenciar os membros em relação às suas responsabilidades pessoais nesse processo.	**Iniciativa:** praticar ações concretas que ajudam a manter a dinâmica do grupo, mesmo sem ter sido solicitado; produzir boas ideias que ajudam a resolver problemas por iniciativa própria.

Fonte: Adaptado de Frezatti, Borinelli, Martins e Espejo (2016); Mucci, Frezatti e Martins (2016); e Martins e Espejo (2015).

4.4. COMO USAR

Frezatti, Borinelli, Espejo e Martins (2016) apresentaram os processos acadêmicos de uma disciplina em PBL na área de negócios alinhado à proposta desenvolvida por Araújo e Arantes (2009), os grupos de estudantes envolvidos na resolução de problemas reais atuam da seguinte maneira:

Quadro 4.3. Distribuição do tempo de aula na abordagem do CHA

AULAS	ELEMENTOS DO CHA	OBJETIVOS
1-4	**50% C:** aulas expositivas (professor transmite conhecimento aos aprendizes) **50% HA:** formação dos grupos para escolha do problema (desenvolvimento das H e A pelos alunos com supervisão do docente)	→ Identificar os problemas na realidade científica e cotidiana; → Discutir um problema particular utilizando seus próprios conhecimentos e experiências, com o auxílio de professores e outros meios, na busca de respostas para o problema abordado; e → Levantar uma série de hipóteses que podem explicar e resolver o problema.
5	**100% CHA:** legitimação dos problemas **C:** os discentes do grupo apresentador transmitem seus conhecimentos para os demais colegas da turma **H e A:** os expositores demonstram para o docente e a turma algumas H e A desenvolvidas até o momento no curso	→ Socializar os resultados do projeto desenvolvido como o coletivo da classe.
6-7	**100% CHA:** sessões tutoriais **C:** troca de conhecimento e experiências entre alunos e entre alunos e professores **H e A:** do Quadro 4.2 são desenvolvidas no decorrer do curso e são expostas para o grupo e para o docente durante as sessões tutoriais (observação docente)	→ Procurar investigar as hipóteses apontadas; → Pesquisar na literatura material para suprir os conhecimentos; → Elencar possíveis respostas e/ou soluções; e → Preparar um relatório parcial acadêmico contendo reflexões teóricas e análises sobre o problema estudado.
8-9	**100% CHA:** socialização **C:** os discentes do grupo apresentador transmitem seus conhecimentos para os demais colegas da turma **H e A:** os expositores demonstram para o docente e a turma algumas H e A desenvolvidas até o momento no curso	→ Socializar os resultados do projeto desenvolvido como o coletivo da classe.
10	**100% C:** prova Conhecimentos sobre o PBL e temas da disciplina	

(continua)

(continuação)

AULAS	ELEMENTOS DO CHA	OBJETIVOS
11-13	**H e A:** do Quadro 4.2 são desenvolvidas no decorrer do curso e são expostas para o grupo e para o docente durante as sessões tutoriais (observação docente)	→ Procurar investigar as hipóteses apontadas; → Pesquisar na literatura material para suprir os conhecimentos; → Elencar possíveis respostas e/ou soluções; → Preparar um relatório parcial acadêmico contendo reflexões teóricas e análises sobre o problema estudado.
14-15	**100% CHA:** socialização **C:** os discentes do grupo apresentador transmitem seus conhecimentos para os demais colegas da turma **H e A:** os expositores demonstram para o docente e a turma algumas H e A desenvolvidas até o momento no curso	→ Socializar os resultados do projeto desenvolvido como o coletivo da classe.
16	**100% HA:** autoavaliação e avaliação dos pares **H e A:** do Quadro 4.2 são avaliadas pelo próprio aprendiz e pelo seu grupo	

Fonte: Adaptado de Frezatti, Borinelli, Espejo e Martins (2016).

CAPÍTULO 5

MECANISMOS INSTITUCIONAIS

OBJETIVOS DO CAPÍTULO

- Estabelecer ligações do PBL com o PDI, PPI e PPP
- Evidenciar a necessidade de dispor o PBL de maneira integrada aos mecanismos de gestão da entidade
- Identificar elementos para implantação do PBL dentro de um currículo
- Indicar mecanismos para operacionalização do PBL em curso

QUESTÕES PROVOCATIVAS

1. Por que pensar em PPP no momento de desenvolver o PBL na entidade?
2. Quais os elementos de flexibilização para a implantação do PBL dentro de um currículo?
3. Quais são os mecanismos pedagógicos que os docentes podem utilizar para auxiliá-los na condução de uma disciplina dentro da abordagem PBL?

5.1. AMBIENTE EDUCACIONAL

Quando se pensa no aluno, o processo de aprendizagem precisa ser adaptado para que ele, em última instância, tenha o benefício no aprendizado proposto. Um breve olhar para a história mostra que, em um passado remoto, a referência de conhecimento era o mestre (dirigente, tutor, pedagogo e outros). Com a impressão em grande escala, muitos livros foram impressos após o ano de 1450. Destaca-se que, nesta época, houve o aumento na socialização do conhecimento, porém com as desvantagens de que os estudantes deveriam ir até as bibliotecas e/ou "carregar o conhecimento embaixo do braço". Hoje, o conhecimento está democratizado, pois está disponível praticamente em todos os lugares e para todos "na nuvem".

Tem-se a disponibilidade das informações em tempo real, praticamente em todos os países, portanto esta facilidade traz outra preocupação: o que fazer e como gerenciar essas informações, de tal modo que estas ajudem a entregar soluções para os problemas, problemas estes que deverão interagir com situações reais? Este comportamento dos estudantes coloca-os em uma posição ativa, levando-os a um processo que possibilitará o desenvolvimento de seus conhecimentos e de suas habilidades de maneira natural, pois a percepção da aplicação da teoria em situações práticas resulta em atratividade para um novo perfil do estudante, que, na maioria das vezes trabalha conectado e atualizado, como citado em Souza e Verdinelli (2014, p. 30):

> [...] o PBL é um método centrado no aluno e por tal, entende-se que os objetivos sejam, pelo menos parcialmente, determinados pelos próprios alunos, uma vez que o aprendizado é relevante para os mesmos. A responsabilidade ou a delegação aos alunos da autoridade sobre a aprendizagem proporciona aos mesmos a condição de aprendizes por toda a vida. (CERQUEIRA; GUIMARÃES; NORONHA; 2016, p. 42)

Diferentemente do sistema tradicional de ensino, em que cada disciplina se torna "uma gaveta" e o discente utiliza seu conteúdo para resolver um problema didático proposto, no método *Problem-based Learning* (PBL), o estudante deverá acessar diversas disciplinas, "abrir várias gavetas", com a finalidade de resolver um problema ou projeto que envolva uma situação real. Logo, é imperativo um discente com um perfil mais dedicado, que realmente ponha em prática seus conhecimentos, pois é necessário ter a visão do todo a partir das partes e perceber suas inter-relações, naturalmente monitorados por uma sequência didática de aprendizagem previamente apresentada pelo docente responsável, gerando uma aprendizagem holística.

Muitos são os ganhos para os discentes que desenvolvem um aprendizado ativo e autodirigido, pois se apresentarão cada vez mais qualificados para enfrentar um mercado de trabalho em que o conhecimento do conteúdo é necessário, porém não mais suficiente. Em razão do aumento da quantidade e da velocidade de transmissão de informações, os problemas do mundo moderno se tornaram mais complexos e exigem maiores habilidades dos profissionais que pretendem entrar no mercado de trabalho.

Observa-se que essas habilidades requeridas pelo mercado de trabalho serão desenvolvidas na metodologia PBL, especialmente as que abrangem o espírito de equipe, a análise crítica dos

> *No PBL, o estudante deverá acessar diversas disciplinas, "abrir várias gavetas", com a finalidade de resolver um problema ou projeto que envolva uma situação real.*

problemas, a abordagem analítica, a capacidade de síntese, o espírito de liderança e a melhoria da motivação em relação à profissão escolhida.

5.2. AMBIENTE INSTITUCIONAL

As diretrizes curriculares do curso de graduação destacam que os profissionais devem ser capazes de propor soluções que não sejam apenas tecnicamente adequadas, mas, sim, de considerar os problemas em sua totalidade, em sua inserção em uma cadeia de causas e efeitos de múltiplas dimensões (BRASIL, 2002). Posto isso, observa-se que grande parte das universidades privadas e públicas do país vem atualizando seus Projetos Políticos Pedagógicos (PPPs), porém estas reformulações não apresentam caráter bem-sucedido em seu todo, uma vez que esbarram em alguns aspectos que envolvem o modo de pensar dos docentes, do alunado à espera de um conhecimento facilitado e mesmo previsível, e, ainda, as estruturas físicas e organizacionais antigas de nossas universidades, privilegiando a acumulação de conteúdos como garantia para a formação de um bom profissional.

A elaboração de PPPs de praticamente todos os cursos superiores, de acordo com as diretrizes curriculares do Ministério da Educação (MEC), traz como recomendações centrais que o profissional formado possua uma visão humanista, crítica e reflexiva. Aqui exemplificamos esse conceito com o curso de engenharia (LOPES; MARTINS, 2017), podendo ser aplicado aos demais cursos da área de negócios, tais como administração, ciências contábeis e economia, mediante suas correspondentes adaptações:

> Art. 3º O Curso de Graduação em Engenharia tem como perfil do formando egresso/profissional o engenheiro, com formação generalista, humanista, crítica e reflexiva, capacitado a absorver e desenvolver novas tecnologias, estimulando a sua atuação crítica e criativa na identificação e resolução de problemas, considerando seus aspectos políticos, econômicos, sociais, ambientais e culturais, com visão ética e humanística, em atendimento às demandas da sociedade (BRASIL, 2002).

Algumas palavras saltam aos olhos: "[...] formação generalista, humanista, crítica e reflexiva, capacitado a absorver novas tecnologias, estimulando a sua atuação crítica e criativa na identificação e resolução de problemas [...]" Como alcançar esses objetivos na geração de oportunidades de lidar com o contexto, situações de desafio aos alunos e exposição ao ambiente das organizações? É por isso que o foco no problema é fundamental, inclusive relacionado ao contexto vivido. Nessas condições, a filosofia do PBL vem ao encontro das necessidades educacionais dos cursos voltados para negócios, entre outros em que se revela muito alinhado com as necessidades.

Salienta-se que, ao se desenvolverem PPPs de qualquer curso, a pretensão é contemplar as competências do CHA. Esses elementos podem ser materializados das seguintes ações: projetar, conduzir, conceber, analisar, planejar, supervisionar, coordenar, identificar, formular, resolver problemas, avaliar criticamente, comunicar-se eficientemente, atuar em equipes e assumir postura de busca por atualização. Assim, continuando na exemplificação, os cursos de engenharias também obedecem a estas mesmas diretrizes:

> Art. 4º A formação do engenheiro tem por objetivo dotar o profissional dos conhecimentos requeridos para o exercício das seguintes competências e habilidades gerais:
>
> I - aplicar conhecimentos matemáticos, científicos, tecnológicos e instrumentais à engenharia;
>
> II - projetar e conduzir experimentos e interpretar resultados;
>
> III - conceber, projetar e analisar sistemas, produtos e processos;
>
> IV - planejar, supervisionar, elaborar e coordenar projetos e serviços de engenharia;
>
> V - identificar, formular e resolver problemas de engenharia;
>
> VI - desenvolver e/ou utilizar novas ferramentas e técnicas;
>
> VI - supervisionar a operação e a manutenção de sistemas;
>
> VII - avaliar criticamente a operação e a manutenção de sistemas;
>
> VIII - comunicar-se eficientemente nas formas escrita, oral e gráfica;
>
> IX - atuar em equipes multidisciplinares;
>
> X - compreender e aplicar a ética e responsabilidade profissionais;
>
> XI - avaliar o impacto das atividades da engenharia no contexto social e ambiental;
>
> XII - avaliar a viabilidade econômica de projetos de engenharia;
>
> XIII - assumir a postura de permanente busca de atualização profissional (BRASIL, 2002).

Diante do exposto, fica claro que todos os cursos de nível superior devem conter um PPP que demonstre claramente como o conjunto das atividades previstas garantirá o perfil desejado de seus egressos e o desenvolvimento das competências e habilidades esperadas (BRASIL, 2002). Posto isso, é imperativo que as equipes que compõem o Núcleo Docente Estruturante (NDE) e o colegiado, de qualquer curso superior, tenham membros com pensamentos alinhados com estas práticas e, também, conhecimentos pedagógicos que auxiliem na elaboração de PPPs voltados às diretrizes propostas pelo MEC.

5.3. DIVERSOS MECANISMOS E A SUA INTEGRAÇÃO

Outra questão que pesa sobre o sucesso da proposta, em qualquer IES, é o alinhamento entre Plano de Desenvolvimento Institucional (PDI), Projeto Pedagógico Institucional (PPI) e PPP dos cursos ofertados pela IES (Instituição de Ensino Superior). Isso leva a pensar que o direcionamento e as mudanças devam ser alinhados entre docentes e a IES como um todo, envolvendo seus órgãos colegiados e administrativos. Dirigindo-se luz sobre a questão, é necessário esclarecer a função de cada um dos mecanismos mencionados: PDI, PPI e PPP, de tal maneira que fique claro para o leitor o papel de cada um e seu entrosamento, para que a IES como um todo tenha sucesso em sua atividade. A Figura 5.1 ilustra a relação entre esses mecanismos:

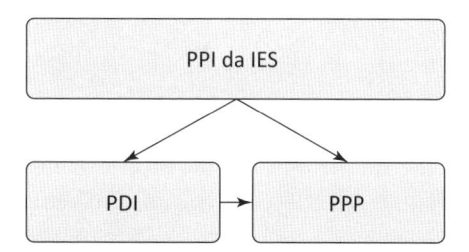

Figura 5.1. Relacionamento entre os mecanismos.

O PDI refere-se a um plano institucional de médio prazo que trata de diversos aspectos como perfil institucional, gestão institucional, organização acadêmica e infraestrutura. O PPI fornece a orientação no nível institucional acerca das práticas de ensino, cultura e extensão a serem implementadas no âmbito institucional. Caso haja a iniciativa de incentivar a implantação da abordagem PBL em diversos institutos e faculdades de uma IES, o PPI é o mecanismo que vai orientar as práticas administrativo-pedagógicas que darão suporte ao alcance desse objetivo.

No âmbito dos cursos de ensino superior, o mecanismo que articula as práticas pedagógicas é denominado PPP. Nesse sentido, ao se pensar em se implantar a abordagem PBL em um ou diversos estágios de um curso específico, é nesse mecanismo que constam alinhamento dessas práticas, estágios do curso, disciplinas oferecidas, competências a serem desenvolvidas pelos alunos, bem como outros aspectos. Tendo em vista esses mecanismos, descrevemos algumas preocupações que podem ser determinantes para a implantação da abordagem PBL.

Do ponto de vista do PDI, as instituições devem fornecer recursos para que a abordagem PBL seja implantada. Esses recursos demandados podem ser qualificados como físicos e de pessoal. O que temos visto recentemente é que o modelo de negócio em muitas IESs tem focado na comercialização de ensino baseado em soluções padrão e de menor custo, deixando de priorizar a qualidade do ensino. Nesse sentido, caso o olhar institucional seja voltado para esse entendimento sobre o papel do ensino superior em geral, torna-se mais difícil convencer a instituição a disponibilizar os recursos necessários para a implantação da abordagem PBL.

Como recursos físicos, podemos destacar o próprio ambiente das salas de aula, que demandam uma organização capaz de viabilizar a formação de grupos, a interação entre alunos e tutores. Além disso, destacamos a necessidade de recursos tecnológicos como o acesso à internet no ambiente da sala de aula, computadores, assim como a utilização de plataformas tais como Moodle®, Blackboard®, entre outras, para estruturar e acompanhar o desenvolvimento do curso tanto com abordagem presencial, *e-learning* ou combinado. Como recursos físicos podemos também elencar a disponibilidade de referências acadêmicas que podem ser consultadas pelos alunos em biblioteca ou remotamente para o desenvolvimento de suas atividades.

> *Destacamos a necessidade de recursos tecnológicos como o acesso à internet no ambiente da sala de aula.*

Como recursos de pessoal, destacamos o apoio ao docente no que se refere a treinamento e formação para implantação da abordagem PBL. Além disso, destaca-se a utilização de tutores (monitores ou professores) que podem auxiliar no acompanhamento e orientação pedagógica aos alunos em disciplinas que adotam a abordagem PBL.

Sendo um mecanismo no âmbito de um curso, o PPP deve estar alinhado com o PPI. Em algumas IESs, o PPI é tão engessado que limita as alternativas didático-pedagógicas capazes de permitir a implantação da abordagem PBL em uma ou em um conjunto de disciplinas dentro de um curso específico, independentemente de haver interesse do colegiado do curso para adotar a abordagem PBL.

Por outro lado, há situações em que o PPI fornece as diretrizes gerais, proporcionando certa autonomia pedagógica para os colegiados de cada curso direcionarem o PPP, inclusive para adotar abordagens ativas de ensino-aprendizagem. No entanto, apesar do suporte no nível institucional, a implantação da abordagem PBL pode encontrar barreiras por parte dos próprios docentes que compõem o colegiado de determinado curso.

Ambas as situações demandam, primeiramente, o conhecimento dos princípios e benefícios da abordagem PBL. Logo, com o conhecimento da abordagem, sugere-se o desenvolvimento de grupos de discussão dentro do colegiado, para que os elementos do PBL sejam estudados, debatidos ou, se necessário, adaptados ao contexto acadêmico da instituição.

O PDI é o instrumento de gestão de uma IES sob a forma de planejamento flexível, pautado em objetivos e metas para um planejamento a médio prazo (biênio ou quinquênio). Sua elaboração tem caráter de construção coletiva, sendo seus referenciais os resultados da avaliação institucional. Deverá apresentar os seguintes itens: perfil institucional; gestão institucional (organização administrativa, gestão de pessoal e política de atendimento ao discente); organização acadêmica (organização didático-pedagógica, oferta de cursos presenciais e a distância); infraestrutura (aspectos financeiros, orçamentários, avaliação e acompanhamento do desenvolvimento institucional), caracterizando as pretensões da instituição.

O PPI deve articular-se ao PDI como instrumento teórico-metodológico que definirá as políticas para a organização administrativo-pedagógica, norteando as ações voltadas para a consecução de sua missão e de seus objetivos. O PPI deve ser elaborado caracterizando o que a IES tem a intenção de realizar e como pretende transformar em realidade os princípios e práticas que foram propostos. Em seu texto, assume como sendo estratégico substituir o paradigma do conteudismo disciplinar pelo da interdisciplinaridade, para superação da visão restrita do mundo e compreensão da complexidade da realidade.

O processo de sua construção exige reflexão sobre: a visão de mundo contemporâneo e o papel da IES na região em que está inserida em face da nova conjuntura globalizada e tecnológica; o ensino, a pesquisa e a extensão articulados como componentes para a formação crítica do futuro profissional e cidadão; o incentivo à produção e socialização dos conhecimentos com análise da situação real e da desejada nos diferentes momentos operacionais; e, especialmente, a autonomia e criatividade do estudante, enfatizando sempre o aprender a aprender.

Como ato contínuo, o PPP deve ser a referência de todas as ações e decisões que envolvem determinado curso, articulando a especificidade da área, considerando a evolução histórica do campo do saber envolvido no contexto e estabelecendo, ao mesmo tempo, o espaço particular relacionado à sua amplitude ou alcance.

A proposta deve se orientar no sentido de: incentivar o trabalho em grupo e a formação de equipes interdisciplinares, bem como estimular a assimilação de conhecimentos de forma interdisciplinar; fortalecer a associação da teoria com a prática, valorizando a pesquisa individual e coletiva, a iniciação científica, assim como a monitoria, os estágios, as monografias e/ou trabalhos de conclusão de curso, e, ainda, a participação em atividades de extensão; estimular práticas de estudo que promovam a autonomia intelectual; promover a discussão de questões relacionadas com a ética profissional, social e política em todos os conteúdos programados; e conduzir avaliações periódicas que utilizem instrumentos variados e sirvam para informar aos docentes e discentes acerca do desenvolvimento das competências e habilidades. Além disso, tanto o PPI como o PPP devem propor uma organização curricular que preveja ações

> *Tanto o PPI como o PPP devem propor uma organização curricular que preveja ações pedagógicas regulares para o desenvolvimento do pensamento reflexivo e das habilidades e competências necessárias à solução de problemas.*

pedagógicas regulares para o desenvolvimento do pensamento reflexivo e das habilidades e competências necessárias à solução de problemas.

O PPP de determinado curso de graduação deverá ser composto, no mínimo, pelos itens a saber: características da instituição de ensino; identificação do curso superior; perfil do egresso; articulação entre ensino, pesquisa e extensão; corpo técnico e docente; instalações físicas e laboratórios específicos; e cronograma de implantação do curso ou da nova matriz curricular (nos casos de apenas alteração).

5.4. ELEMENTOS RELACIONADOS COM O CURRÍCULO

Sobre o currículo, discutimos na sequência os **tipos de disciplina**, os **estágios (momentos) de um curso**, o **conteúdo de disciplinas** e um olhar para as **competências** a serem desenvolvidas.

Tipos de disciplinas

Em um projeto pedagógico estão presentes disciplinas que visam expor os alunos a conteúdos novos (inseridoras de conteúdo) e disciplinas cujo foco é integrar conteúdos aos quais os alunos já foram expostos (integradoras de conteúdo). Em termos de evolução do curso na área de negócios, normalmente as disciplinas inseridoras de conteúdo estão dispostas nos primeiros anos, e as disciplinas integradoras, nos últimos anos do curso. Há autores que consideram que a abordagem PBL deve ser mais presente nas disciplinas integradoras (JOHNSTONE; BIGGS, 1998; BRUNDIERS et al., 2010), tendo em vista que os alunos já foram expostos aos conceitos iniciais e estão preparados para integrar os conceitos aprendidos e, inclusive, extrapolá-los em relação ao contexto real, por exemplo, aos problemas organizacionais. Nesse sentido, para implementação da abordagem ativa de aprendizagem, os alunos precisariam ser expostos inicialmente a conteúdos direcionados pelo professor no ambiente de sala de aula. O potencial do PBL para disciplinas integradoras é alto, tendo em vista que este pode ser implantado durante todas as horas-aula de uma disciplina. Nesse sentido, está em linha com as abordagens *problem-based method* e *reiterative problem-based method* propostas por Barrows (1986).

Por outro lado, existe a possibilidade de implementar a abordagem PBL também nas disciplinas inseridoras de conteúdo, o que no Brasil tem ocorrido principalmente por meio da abordagem de *case--based learning*, em momentos específicos dentro da carga horária da disciplina, apresentado com maior detalhe no Capítulo 3. Nesse modelo, o PBL é adotado parcialmente durante as horas-aula de uma disciplina, complementando a

> *O potencial do PBL para disciplinas integradoras é alto, tendo em vista que este pode ser implantado durante todas as horas-aula de uma disciplina.*

abordagem tradicional, o que estaria próximo do modelo *lecture-based cases* proposto por Barrows (1986).

Com base no *continuum* pedagógico apresentado na Figura 1.3 (Capítulo 1), poderíamos dizer que o potencial de implantação do PBL em disciplinas integradoras está mais próximo do extremo da direita (direcionado ao aprendizado do aluno), enquanto, nas disciplinas inseridoras de conteúdo, o potencial de implantação é mais limitado, ou seja, entre o extremo esquerdo e o meio da figura, o que retrata a combinação do aprendizado direcionado pelo professor e direcionado ao aluno. Isso é o que tem ocorrido nas IESs que adotam a abordagem PBL no Brasil. Cabe destacar que, em outros países, há instituições que desafiam esse entendimento e aplicam o PBL de maneira plena, independentemente do tipo da disciplina ou área, como na Universidade de Maastritch (Países Baixos).

Estágio do curso em que a disciplina é ofertada

A questão do momento (estágio) de inserção da disciplina está diretamente relacionada com o papel da disciplina no projeto pedagógico. Como disposto, as disciplinas no início do curso normalmente são de formação básica e inseridoras de conteúdo, enquanto as disciplinas integradoras são oferecidas no meio ou no fim do curso. Nesse sentido, a implementação do PBL pode ocorrer em diversos estágios do curso, mas o modelo de PBL aplicado nesses diferentes estágios normalmente é diferente. No início do curso, a abordagem PBL normalmente é combinada com a tradicional, em momentos específicos de uma disciplina, o que os docentes chamam de trabalho em equipe e solução de casos.

A implementação dos princípios do PBL de maneira plena (ensino centrado no aluno, ênfase conhecimento do mundo real; ênfase em competências; direcionamento para o grupo) tende a ser mais aplicável nos últimos anos do curso de graduação na área de negócios, pelo fato de o aluno estar mais disposto e preparado para a abordagem ativa. Espera-se que os alunos mais ao término do curso já tenham sido expostos a um contexto profissional, por meio de projetos de extensão ou estágio, ao qual tendem a aplicar seus conhecimentos. Nesses casos, os alunos veem o PBL como uma boa oportunidade para resolver problemas que verificam no ambiente empresarial, ao alinharem conhecimento com experiência profissional.

Conteúdo das disciplinas

Independentemente de ser inseridora ou integradora de conteúdo, uma disciplina pode ser vista como parte da formação técnica ou da formação complementar de um curso. Por exemplo, em um curso de ciências contábeis existem disciplinas como Contabilidade Básica, Contabilidade Intermediária e Contabilidade Avançada, que compõem o eixo técnico do curso. Nessas disciplinas, tem-se aparentemente o entendimento de que os conteúdos são mais rígidos e a flexibilidade do docente é limitada. Ressalvadas as questões orientativas de cada PPP, entendemos que a aplicação da abordagem de PBL também é possível nessas disciplinas do eixo técnico. Nesse caso, a abordagem ativa tende a ocorrer em um estágio ou momento do curso, após parte do conteúdo ter sido transmitida parcial ou totalmente pelo docente, o que tende a ocorrer no formato de casos desenvolvidos ao fim do curso.

> A implementação dos princípios do PBL de maneira plena tende a ser mais passível nos últimos anos do curso de graduação na área de negócios, pelo fato de o aluno estar mais disposto e preparado para a abordagem ativa.

Competências

Outro aspecto importante dentro do currículo de um curso é o olhar para as competências. Esse olhar está cada vez mais alinhado com as demandas do mercado defendidas por órgãos profissionais e de classe (STANLEY; MARSDEN, 2012). Como discutido no Capítulo 3, o olhar do PBL é mais amplo que o comumente debatido na abordagem tradicional, em que se foca apenas um dos eixos das competências que é o conhecimento. O PBL permite um olhar mais amplo no sentido do desenvolvimento de conhecimentos, habilidades e atitudes, atributos que também devem fazer parte do PPP e especificamente do currículo de um curso.

5.5. CONSIDERAÇÕES PEDAGÓGICAS

As considerações pedagógicas abrangem o **referencial básico** e as **aulas expositivas**, de modo a realizar o alinhamento entre contexto-problema-hipóteses, a definição dos problemas, a organização e agenda, a formação dos grupos, os papéis dos alunos e as dinâmicas utilizadas.

Entende-se que os elementos discutidos nesta seção possam trazer subsídios para a implementação do PBL em uma disciplina ou em um conjunto de disciplinas. Cabe destacar que os elementos podem e devem ser flexibilizados em razão do contexto acadêmico ao qual o PBL está sendo aplicado.

Referencial básico para os temas contemplados na disciplina

Cada disciplina tem um conteúdo programático a ser cumprido, e que estão demonstrados na ementa do curso. Normalmente na abordagem tradicional os docentes apresentam um referencial básico a ser seguido ao longo do curso, sustentado com o apoio de livros. Cabe destacar que esse recorte do referencial do curso tende a ser mais simples em uma disciplina inseridora de conteúdo que em uma integradora de conteúdo. Por exemplo, na disciplina Planejamento e Orçamento Empresarial existem livros específicos que trataram do tema, mas, em uma disciplina integradora, como Soluções de Problemas em Controle Gerencial, que também é oferecida na graduação em ciências contábeis na Faculdade de Economia, Administração e Contabilidade da Universidade de São Paulo (FEAUSP), o escopo é mais amplo, pois aborda desde temas como sistemas de informação, custos, avaliação de desempenho até mesmo orçamento empresarial. Ou seja, nas disciplinas integradoras o referencial pode ser bastante amplo para ser totalmente especificado no programa de um curso.

Para a abordagem PBL, independentemente do modelo de disciplina, deve-se seguir o direcionamento de que o aprendizado é focado no aluno e de que este deve buscar essas referências, seja para entender um contexto, formatar o problema, identificar hipóteses ou solucionar o problema. Entende-se que, para a implementação do PBL em um curso, é possível que o docente sugira uma bibliografia básica para nortear o aluno. No entanto, a busca por referências e por conhecimento é um dos elementos mais importantes de abordagens ativas como o PBL, e, por isso, esse aspecto deve ser incentivado pelo professor-tutor. Além do mais, cabe destacar que na abordagem tradicional os alunos tendem a se apoiar apenas na referência básica da disciplina, mas no PBL, por ser direcionado a um problema, a demanda é de maior profundidade, e nesse sentido, a busca por outras referências, inclusive artigos acadêmicos e profissionais, para subsidiar a discussão e solução é exigida.

> *Para a abordagem PBL, independentemente do modelo de disciplina, deve-se seguir o direcionamento de que o aprendizado é focado no aluno.*

Aulas expositivas demandadas

Em princípio, a partir da compreensão dos elementos fundamentais da abordagem PBL, pode-se dizer que as aulas expositivas não fazem parte do universo do PBL. A abordagem PBL tem o foco em busca de conhecimento, desenvolvimento de habilidades e atitudes por parte do aluno, e não na apresentação de conteúdos pelo professor, como é feito na abordagem tradicional. No PBL, o papel do professor, na verdade, é de tutor, pois visa facilitar a busca de conhecimentos por parte do aluno, e não apresentar esses conteúdos.

No entanto, entendemos que esse aspecto pode e deve ser flexibilizado, principalmente em contextos como o brasileiro, em que a abordagem PBL não é implementada com intensidade pelas IES. Nesse caso, argumentamos que a utilização de aulas expositivas torna mais amena a transição da abordagem tradicional para abordagem PBL, e, por isso, poderia ser praticada pelos docentes.

Cabe destacar algumas ressalvas sobre esse ponto. Primeiro, no caso dessa flexibilização, entende-se que as aulas expositivas devem compor uma carga horária mínima e que a maior parte do curso deve se concentrar nos elementos de discussão e solução de problemas e não nos conteúdos em si. Além do mais, diferentemente da abordagem tradicional, o nível de detalhe e direcionamento dessas aulas expositivas deve ser mínimo, no sentido de não ter como foco a transmissão do conhecimento, mas sim de direcionar a busca de conhecimento por parte dos próprios alunos. Por exemplo, ao discutir o tema orçamento empresarial na perspectiva PBL, o professor pode apresentar sucintamente as principais etapas necessárias para a montagem do orçamento empresarial, mas não detalhar quais premissas devem ser consideradas dentro de cada plano (por exemplo, marketing, produção, recursos humanos etc.).

Além do mais, um aspecto desenvolvido na disciplina Soluções de Problemas em Controle Gerencial oferecida na graduação em Ciências Contábeis na FEAUSP consiste em o professor não apresentar os conteúdos dos temas debatidos na disciplina, mas, sim, os elementos fundamentais da abordagem PBL, com foco na modalidade *Project-based Learning*. Desse modo, orienta os alunos a interpretarem um contexto, a formatarem o problema, a identificarem hipóteses e a solucionarem o problema, bem como o alinhamento entre esses elementos.

> *A utilização de aulas expositivas torna mais amena a transição da abordagem tradicional para a abordagem PBL, e, por isso, poderia ser praticada pelos docentes.*

5.6. MECANISMOS

Os mecanismos são elementos fundamentais à operacionalização das disciplinas e podem ser detalhados em: aulas expositivas, aulas tutoriais, estrutura de reuniões, socialização dos projetos, filmes, materiais de leitura, atas, instrumentos avaliativos e apresentação por meio de filmes.

Aulas expositivas: são aulas (presenciais ou gravadas) em que o docente transmite conhecimento de forma dialogada, com o objetivo de apresentar aos participantes:

- → A disciplina: programa, objetivos, cronograma de atividades a serem realizadas no decorrer do semestre ou ano letivo, competências a serem desenvolvidas e seus instrumentos de avaliação.
- → O PBL: conceitos, benefícios educacionais, etapas do PBL, papel do aluno e do professor e justificativa do uso do método, pois a educação na área de negócios no Brasil não utiliza um currículo integrado no PBL. Sua utilização no processo de ensino e de aprendizagem ocorre de maneira isolada em algumas disciplinas por iniciativa do docente.
- → Os aspectos operacionais do PBL: descrição de sua aplicação à área de negócio (elaboração do problema, formulação das hipóteses/proposição, identificação

- dos conhecimentos já adquiridos para solucionar o problema e aqueles que necessitam ser obtidos, e critérios para elaboração do relatório).
- Os temas/conteúdos: discussões conceituais contemplando os temas da disciplina envolvidos nos problemas a serem solucionados no decorrer do semestre.
- O CHA: conceituar competência e seus elementos (Conhecimento, Habilidade e Atitude), descrever como estes serão desenvolvidos/abordados na disciplina e como serão avaliados. Esta aula é complementada com uma dinâmica, pois, para muitos estudantes, é a primeira experiência com a abordagem da educação por competência.

Destaca-se que, para a maioria das aulas expositivas, utilizam-se filmes instrucionais de curta duração para promover maior interdisciplinaridade entre os temas, principalmente, no tocante ao PBL.

Filmes instrucionais: são filmes de acesso gratuito ao público, tendo como fonte, por exemplo, o YouTube®, cujo objetivo é:

- Ilustrar o método PBL, enfatizando sua operacionalidade por meio de experiências concretas em outros cursos e em outras IES.
- Apresentar modelos alternativos de expor a solução do problema.
- Mostrar comentários de especialistas sobre cada tema/conteúdo a ser explorado na disciplina.
- Expor o CHA sobre o ponto de vista de profissionais especializados.

Moodle®: é um dos ambientes virtuais de aprendizagem disponibilizados pelas instituições como ferramenta de apoio ao processo de ensino e aprendizagem. O papel do Moodle® nas disciplinas é de disponibilização:

- De material didático complementar para os participantes do curso, tais como: slides, *links* de filmes do YouTube®, *links* para as avaliações extraclasse, textos para leitura complementar, material específico sobre o PBL e sobre o CHA, entre outros.
- Das aulas expositivas gravadas pelo professor para que o aluno assista previamente à aula, de modo que, no período em sala de aula, haja tempo para dúvidas e discussões sobre os conteúdos gravados e um tempo maior e mais enriquecedor para desenvolvimento das habilidades e das atitudes.
- Dos objetivos e do cronograma da disciplina, das regras de avaliação, das instruções e do direcionamento para as diversas atividades que ocorrerão no decorrer da disciplina, com seus respectivos prazos e notas, além da bibliografia da disciplina.

- De espaços destinados ao recebimento de material postado no Moodle® pelos participantes da disciplina ao corpo docente: relatório parcial e final.
- Dos *links* para realização da avaliação diagnóstica, da autoavaliação e da avaliação dos pares.
- Das avaliações envolvendo a aplicação de conceitos de PBL, as quais são realizadas diretamente pelo aluno na plataforma Moodle®.

Sessões tutoriais: são reuniões presenciais com os integrantes dos grupos de trabalho destinadas à troca de experiência e à discussão sobre o problema entre os alunos em si, e entre os alunos e os professores, de modo que todos compartilhem o processo de construção não apenas de Conhecimento, mas também o desenvolvimento das Habilidades e das Atitudes, pois a educação se dá por meio da reflexão, do diálogo e da troca de experiências. Como consequência dessa interação:

- Ocorre a formação dos grupos, e os alunos são instigados a identificar um problema de interesse do grupo que tenha conexão com o tema da disciplina, vinculando-o às experiências profissionais e cotidianas dos aprendizes.
- Ocorrem discussões com os professores, sessões de perguntas, respostas ou relatos orais do grupo, e compartilham-se dúvidas e resultados tanto com os docentes quanto com os colegas.
- Promove a troca de experiência e discussão sobre o problema entre os alunos e os professores, de modo a se alcançar a aprendizagem das competências propostas.
- É o momento que os alunos discutem o problema com os membros do grupo e com os docentes, que assumem a função de facilitadores. O foco da discussão é: o contexto do fenômeno observado, o problema, as proposições, a metodologia utilizada no projeto, as referências e o cronograma de trabalho contido no projeto parcial de cada equipe.
- Os alunos são encorajados a definir o que sabem e o que não sabem sobre os assuntos abordados nos respectivos problemas.
- Apresentam-se os *feedbacks* das avaliações realizadas.
- Discute-se sobre a solução dos problemas e a preparação do relatório final.
- Os docentes interagem com os grupos, a fim de sintetizar o conhecimento construído a cada aula.
- Os docentes buscam alavancar os grupos deficitários ao estágio em que a maioria dos grupos se encontrava nas várias fases da disciplina, de modo a ter uma participação igualitária para todos os grupos.

- → Os estudantes trabalham em seus respectivos grupos para melhor delimitar o problema estudado, o contextualizam e justificam a sua abordagem perante a realidade na qual estão inseridos.
- → Elencam as principais hipóteses/proposições a serem investigadas na literatura.
- → Em todas as sessões tutoriais, os grupos trabalham com a supervisão dos docentes e os monitores que visam auxiliar os alunos a refletirem sobre as considerações realizadas.
- → Os alunos discutem o problema com os membros do grupo e com os docentes, que assumem a função de facilitadores. O foco da discussão é o contexto do fenômeno observado, o problema, as proposições, a metodologia utilizada no projeto, as referências e o cronograma de trabalho contido no projeto parcial de cada equipe. Destaca-se que, nestas aulas, os alunos são constantemente estimulados a definir o que sabem e o que não sabem sobre os assuntos abordados nos respectivos problemas.

Relatórios: consistem em um instrumento avaliativo e podem compor a nota final de cada aluno da disciplina, em que cada grupo comunica, para os demais grupos e para os professores, o estágio final do projeto, bem como sua proposta de solução para o problema, observando que o relatório deve:

- → ser entregue até a data especificada no cronograma, sendo postado no Moodle®; e
- → ter o seguinte padrão: capa; resumo; palavras-chave; e texto subdivido em introdução, marco teórico, metodologia, análise dos dados e conclusões.

Apresentações por meio de filmes: o relatório final poderá ser socializado com a turma por meio de um filme desenvolvido pelo grupo com a apresentação do projeto, que deve será postado em um canal privativo da disciplina no YouTube®. O grupo gravará um filme, com, no máximo, 15 minutos, e, durante a aula designada, apresentará o filme e se colocará à disposição para questões. Além da socialização dos resultados por meio da exposição do filme, o relatório deve ser entregue com as considerações a seguir.

- → A apresentação deve ser filmada.
- → Todos os integrantes da equipe devem participar.
- → Tempo do filme: máximo de 15 minutos.
- → É importante contemplar todos os conteúdos do projeto na filmagem.
- → A criatividade na montagem é bem-vinda;
- → O filme será exibido em sala de aula, sendo disponibilizado previamente no canal privativo da disciplina no YouTube®.

CAPÍTULO 5

- Os alunos que não estiverem presentes na sala de aula no momento da apresentação do filme terão nota zero no quesito socialização dos projetos (final).
- O aluno é incentivado a utilizar a criatividade e a cuidar dos elementos tecnológicos envolvidos: qualidade de imagem e de som; clareza na apresentação das etapas do trabalho; e cuidado com o tempo mínimo e máximo para a apresentação, lembrando que todos os integrantes da equipe de trabalho deverão participar.
- O filme deve ser exibido à turma nas aulas finais destinadas à socialização dos resultados.

Socializações: trata-se do momento destinado à troca de experiências entre os participantes da disciplina.

- A primeira socialização é chamada de legitimação dos problemas. Nesta aula, os alunos definem para a classe o problema que cada grupo abordou e é aberta a possibilidade de troca de membros entre os grupos por afinidade com os problemas.
- A socialização parcial dos resultados se dá no meio do curso, e os grupos apresentam na forma de seminário e enviam antecipadamente o relatório parcial para os docentes. Nesta socialização, os grupos apresentam seus resultados desenvolvidos até o momento da apresentação para a turma, e um dos grupos é responsável por levantar questões não observadas pelo grupo que está apresentando. A discussão é aberta aos demais membros da turma e é finalizada pelos docentes, que realizam uma discussão ampla com a turma apresentando os principais elementos que precisam ser melhorados nos trabalhos, tais como: metodologia, referências, aprofundamento do marco teórico, entre outros itens.
- Ao fim, a socialização é composta pela entrega final do relatório escrito e o filme produzido pelas equipes, que é exibido com a presença dos integrantes em sala, pois, ao término do filme, inicia-se o debate do problema e da solução apresentada com a classe, ou seja, os professores iniciam o debate, e, na sequência, há um espaço para ouvir as contribuições e/ou dúvidas dos demais colegas da turma.

Instrumentos Avaliativos: utiliza-se a ferramenta SurveyMonkey®, e é disponibilizado o *link* para os discentes acessarem e realizarem as avaliações por meio de questionários. O detalhamento está apresentado no Capítulo 8:

- Diagnóstico.
- *Gap* de conhecimento.
- Autoavaliação.
- Avaliação dos pares.

Estrutura de reuniões:

→ A equipe é formada pelo professor responsável pela disciplina, e os monitores atuam semanalmente na preparação da disciplina.

→ A preparação do material para as aulas expositivas, as gravações das aulas, os materiais complementares (artigos, filmes gratuitos do YouTube®, entre outros) são elaborados em conjunto com os planos de aula e disponibilizados no Moodle® antes de a disciplina começar.

→ A cada aula, os grupos de trabalho produzem e trocam material com os tutores, de modo que a preparação das aulas de sessões tutoriais e a socialização dos resultados ficam na dependência do material produzido pelos participantes da disciplina. Isso implica a realização de uma reunião semanal com os tutores, antes da aula presencial, a fim de alinharem, redesenharem, planejarem e até providenciarem material para as discussões com os alunos. O desenvolvimento da disciplina depende exclusivamente do material produzido por seus participantes.

Atas:

→ Trata-se de um instrumento realizado semanalmente pela equipe de estudantes, que é entregue aos tutores com o intuito de acompanhar a evolução do trabalho nas fases intermediárias.

→ Utiliza-se o SurveyMonkey® como *software* para sua elaboração e submissão; o *link* de acesso é disponibilizado aos discentes.

→ O aprendiz que assume o papel de secretário em cada grupo é o responsável por sua elaboração.

→ A ata de reunião contém: número de identificação do grupo; número de identificação da ata; data em que os integrantes se reuniram (presencial ou virtualmente utilizando Skype®, Hangout® ou outros recursos); nome dos integrantes presentes na reunião; nome do líder; nome do secretário; além de responder às questões: O que foi planejado? Quem deve fazer o quê? Próximos passos? O que foi executado? O que foi cobrado? Mais algo que não esteja incluído nos itens anteriores, mas que seja relevante para o grupo.

Dinâmicas:

→ As dinâmicas que podem ser utilizadas na abordagem PBL têm por objetivo tornar a disciplina agradável e dinâmica para o aluno. Normalmente, proporcionam abordagem lúdica e facilitam a contextualização da abordagem. Essas dinâmicas podem ser aplicadas com frequência ou em momentos pontuais do curso.

→ O professor pode utilizar diversas dinâmicas para incentivar a interação dos membros do grupo, assim como o compartilhamento de experiências entre os grupos.

Essas dinâmicas podem abranger desde apresentação oral até mesmo rotação de um membro do grupo, por determinado momento, para outro grupo (como um *benchmarking*), a fim de que percebam as dificuldades enfrentadas e tenham *insights* para ajudar o desenvolvimento do trabalho em seu grupo. Por exemplo, em uma abordagem de *Project-based Learning*, os grupos podem apresentar o contexto, o problema e as hipóteses identificadas pelo grupo para que esses elementos sejam legitimados pela classe. Outro ponto que pode se caracterizar como dinâmica é a própria interação dos alunos no grupo, quanto à rotação de papéis.

5.7. COMO USAR

A organização e o planejamento de uma disciplina que adota a abordagem PBL são fundamentais. Isso porque, diferentemente da rigidez e previsibilidade presente em uma abordagem tradicional, no PBL, o direcionamento da discussão do problema não é previsível, uma vez que pode tomar caminhos diferentes com base em experiências e autoestudo por parte dos alunos.

A dosagem dos conteúdos é necessária, pois a educação enquanto processo sistemático visa dotar os futuros profissionais de competências necessárias ao sucesso em seu ingresso no mercado de trabalho. Nesse sentido, faz-se necessária uma abordagem que mescle o desenvolvimento de conhecimentos técnicos e científicos, bem como de habilidades e atitudes. Essa dosagem colabora para a aproximação da academia com a prática profissional. Ao se inserirem abordagens pedagógicas que proporcionem desenvolvimento e aperfeiçoamento de habilidade e atitudes profissionais, assegura-se uma aproximação das grades curriculares da prática profissional, proporcionando uma sensação de relevância e confiabilidade no profissional e na IES.

Para Ott et al. (2011), as IES precisam estar em constante atualização tanto na esfera dos conteúdos programáticos propostos nos projetos pedagógicos dos cursos da área de negócios, quanto no desenvolvimento dos elementos do CHA dos futuros profissionais, tendo em vista que os cursos na área de negócios estão em uma seara em constante mudança. Faz-se necessário que os cursos ofertados pelas IES atendam às demandas do mercado profissional, proporcionando, ao mercado, egressos cuja bagagem seja composta pelos três elementos do CHA e não apenas pelo Conhecimento.

Frezatti et al. (2016) relatam a experiência vivenciada em uma disciplina optativa semestral com a abordagem PBL com aprendizes que, em sua maioria, estavam cursando o último ano do curso de graduação em uma escola de negócios, com o objetivo de identificar, analisar e propor soluções para problemas emergentes das empresas brasileiras, no que se refere ao campo do controle gerencial.

O PBL atinge um grau de praticidade e maior entendimento quando envolve um contexto claro, que faça sentido para os envolvidos. Dessa maneira, essa abordagem extrapola os limites, pois se ele (aluno) aprende em um ambiente de ensino, a adaptação à realidade profissional ocorrerá de maneira mais natural e concreta.

CAPÍTULO 6

ESTRUTURA FÍSICA

OBJETIVOS DO CAPÍTULO

- Identificar a estrutura física aplicada às aulas de PBL
- Sensibilizar os envolvidos sobre investimentos estruturais

QUESTÕES PROVOCATIVAS

1. Qual é a estrutura física existente em seu contexto educacional? Esta permite a aplicação do PBL?
2. Como posso adaptar a estrutura física existente para aulas em PBL?
3. Que tipo de investimento as aulas de PBL exigem?

CAPÍTULO 6

6.1. ABRANGÊNCIA DO TEMA

A estrutura denominada "física" pode envolver mesas, cadeiras, *whiteboard*, computadores, base de dados, acesso à internet, biblioteca digital e tradicional, entre outros elementos. Por uma questão de particularidade nos cursos presenciais, o capítulo foi focado no *layout* propriamente dito, tratando a aplicação do PBL em diferentes oportunidades de aprendizagem, customizando elementos relevantes para sua adequada operacionalização.

Após a exposição sobre as ações individuais e coletivas, elaboração de projetos políticos pedagógicos, matrizes curriculares, contexto de envolvimento dos discentes, ambientes de negócios e mercado profissional, discussões sobre a elaboração de problemas, grau de liberdade de escolhas e autonomia e estudo de caso, é importante também destacar a necessidade de um ambiente físico adequado ao PBL. É muito relevante que a sala de aula onde essas atividades serão desenvolvidas comporte diferentes tipos de atividades e, em muitos casos, não se enquadre no modelo convencional adotado na maioria das escolas brasileiras.

O PBL pode ser aplicado em ambiente de *e-learning*, mas trata-se de uma discussão que deve proporcionar o ambiente virtual para que reuniões e processo criativo se desenvolvam.

Observa-se que o mobiliário proposto é único, porém é flexível, sendo necessário poucos minutos para a reconfiguração completa, o que torna a solução economicamente viável, pois se tem três funcionalidades totalmente diferentes, com o mesmo mobiliário no mesmo espaço físico (na mesma sala de aula).

6.2. TIPOS DE ESTRUTURA DE SALAS E DE MOBILIÁRIO

A proposta de mobiliário consiste em trabalhar com mesas trapezoidais flexíveis, conforme apresentado a seguir, pois estas permitem diversos arranjos diferentes na posição de mobiliário, aproveitando-se a mesma quantidade de cadeiras, de mesas, de balcões, de armários, de computadores e demais instalações elétricas, lógica e de Internet.

Na sequência, apresenta-se um modelo para uma turma composta por 20 alunos, um monitor (estagiário ou laboratorista) e um professor facilitador, o que, naturalmente, em razão da necessidade do leitor, poderia se adaptar para uma quantidade maior ou menor de alunos. Neste primeiro *layout* – denominado **Layout 1** –, tem-se um modelo de sala de aula convencional, voltado para aulas expositivas, em que o professor facilitador fará a exposição dos conteúdos, dos conceitos e do problema. Momento que exige a atenção de todos os alunos voltada ao mestre.

Para a proposta do **Layout 1**, tem-se o seguinte: espaço para 20 alunos sentados confortavelmente de frente para o professor. Embora a quantidade de alunos em sala possa variar significativamente, as propostas aqui apresentadas oscilam entre 20 e 24 alunos, podendo ser adaptadas para outros patamares de participação.

Observa-se, também, que a sala conta com 11 mesas trapezoidais, 26 cadeiras, armários e caixas para guardar mapas, plantas, desenhos, equipamentos novos e antigos, bem como quatro computadores para pesquisa (para os alunos que não tenham *notebooks* pessoais), um computador para o professor facilitador, um computador para o monitor (laboratorista ou estagiário), equipamento *datashow* (projetor multimídia) e ou TV de LED com, no mínimo, 55 polegadas (para facilitar a visualização dos alunos durante as exposições do professor), como apresentado a seguir.

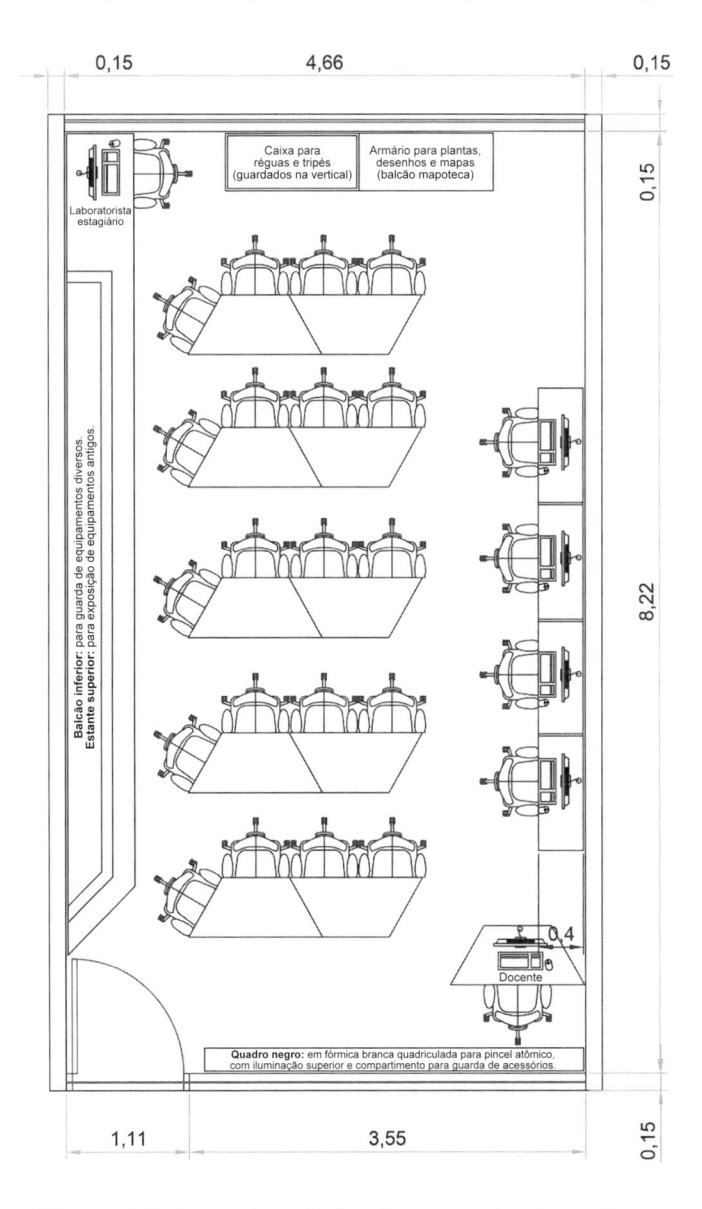

Figura 6.1. *Layout* 1 – sala de aula convencional em planta.

Figura 6.2. *Layout* 1 – sala de aula convencional em perspectiva.

O objetivo **Layout 1**, com este arranjo contido nas Figuras 6.1 e 6.2, é propiciar que o docente se comunique de maneira clara e absoluta com os discentes, utilizando-se de aulas expositivas e dialogadas, de imagens por meio do projetor multimídia (*datashow*) e/ou de filmes utilizando-se da TV de LED (contendo som e imagem), e, ainda, possa expor cartas, mapas, bibliografia e/ou outros equipamentos para fazer frente às explicações necessárias.

Para a proposta do **Layout 2**, tem-se o exatamente o mesmo mobiliário para uma quantidade igual de pessoas, variando-se apenas a posição das mesas trapezoidais e das cadeiras, como mostrado nas Figuras 6.3 e 6.4. Neste novo arranjo espacial, os discentes trabalharão em quatro grupos de cinco alunos cada. Observa-se que, ao se juntar duas mesas trapezoidais, tem-se uma mesa hexagonal (próximo à forma circular), que comporta seis cadeiras, justamente para que o professor facilitador possa circular livremente e sentar-se com cada equipe de cinco alunos (nesta cadeira extra), e, assim, discutir, propor, orientar e, principalmente, ouvir a equipe e seus argumentos quanto às soluções propostas até então. Diferentemente do formato tradicional, cujo modo de o aluno ou a equipe se dirigir até a mesa do professor colocaria o professor em posição afastada de acesso. No arranjo proposto, o professor se faz acessível, deixando os alunos mais à vontade e sem medo de errar ao propor soluções. Cabe, então, ao professor facilitador orientar de maneira sutil, auxiliando na lapidação da melhor solução em cada equipe.

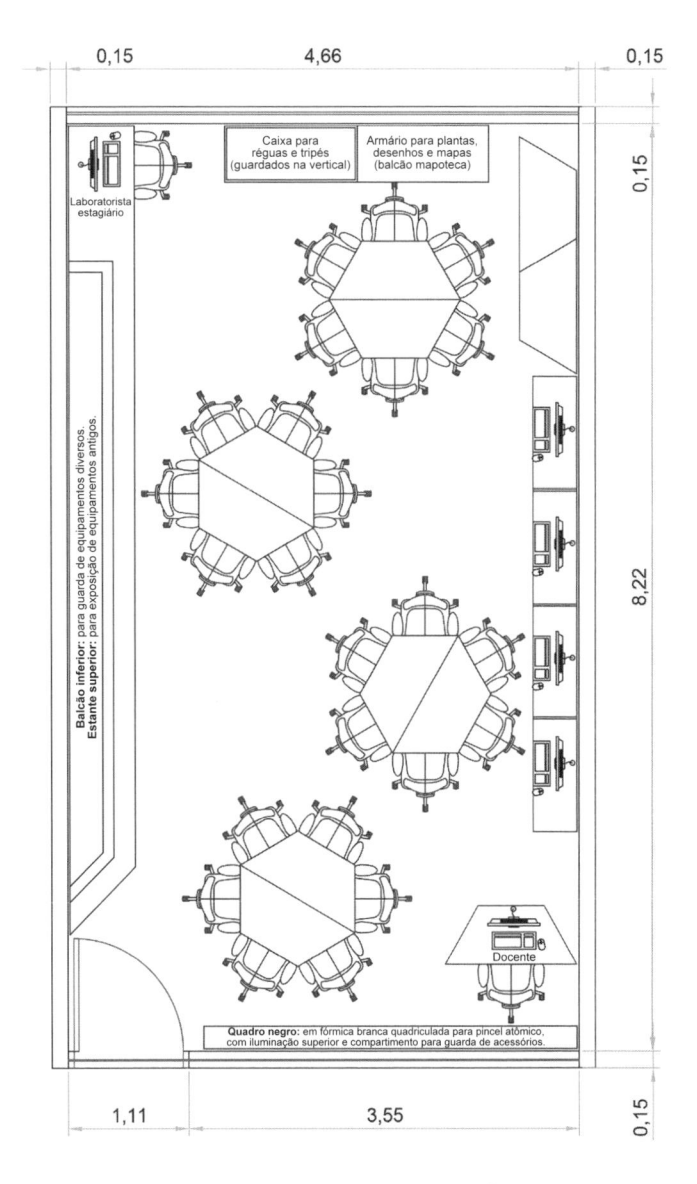

Figura 6.3. *Layout* 2 – sala de aula voltada para trabalhos em equipe em planta.

Figura 6.4. *Layout* 2 – sala de aula voltada para trabalhos em equipe em perspectiva.

> *No arranjo proposto, o professor se faz acessível, deixando os alunos mais à vontade e sem medo de errar ao propor soluções.*

Para a proposta do **Layout 3**, apresentada nas Figuras 6.5 e 6.6, tem-se exatamente o mesmo mobiliário e quantidade igual de pessoas das propostas de *Layouts* 1 e 2, isto é, nada saiu ou entrou na sala, mas, sim, houve novamente um novo arranjo espacial do mobiliário. Este novo arranjo reserva lugar para que todas as equipes apresentem suas soluções, de maneira igualitária e equilibrada, pois a proposta do mobiliário é dispor todos os presentes no mesmo nível, sendo balizados pelo docente facilitador que conduzirá os debates. Neste momento, uma equipe poderá inferir no trabalho da outra, dando contribuições e fazendo críticas construtivas, o que poderá ou não ser acatado pela equipe que sofre a intervenção, mediante, inclusive, considerações feitas pelo professor facilitador.

Caso o problema proposto apresente as mesmas variáveis para todas as equipes, seria possível, após discussões, considerações técnicas, ponderações e, até mesmo, pontos de vistas divergentes e acalorados, chegar-se à melhor solução para todas as equipes. Isso poderia ser a solução proposta por uma das equipes ou a composição de uma solução final com base na opinião de duas ou mais equipes, isto é, seria possível aperfeiçoar, por meio do diálogo, o que cada equipe propôs de melhor.

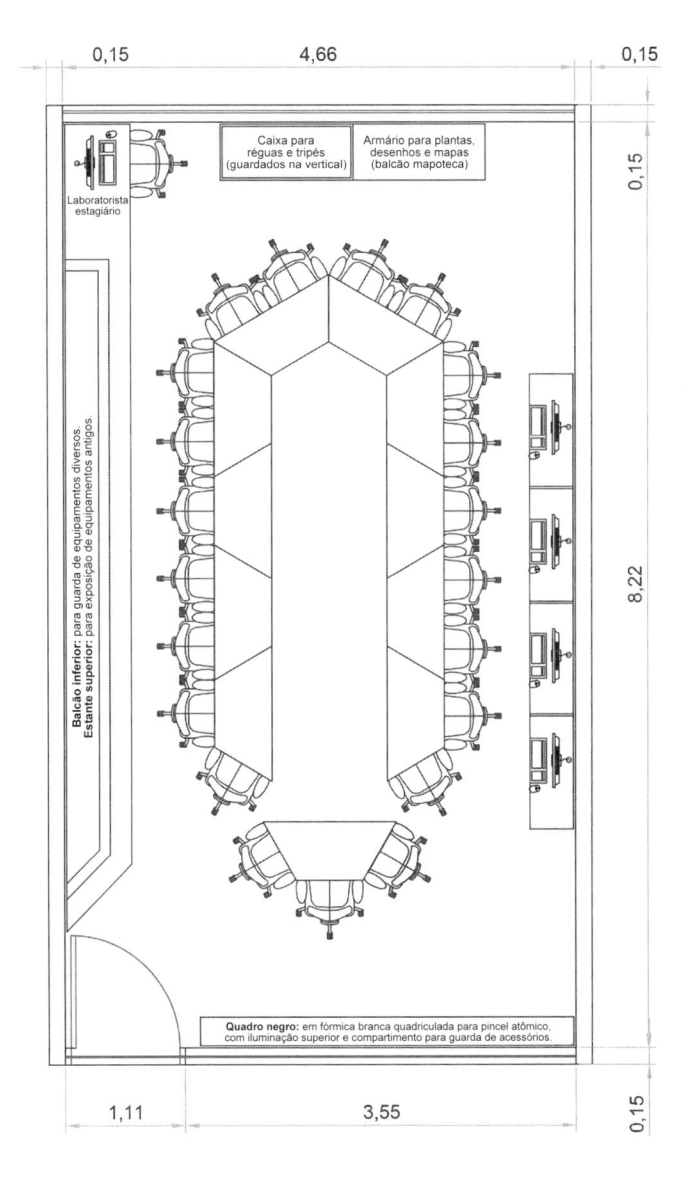

Figura 6.5. *Layout* 3 – sala de aula voltada para discussões, reuniões e apresentação de resultados, em planta.

Figura 6.6. *Layout* 3 – sala de aula voltada para discussões, reuniões e apresentação de resultados, em perspectiva.

Por fim, essa exposição sobre os diversos itens práticos para a implantação do PBL envolve inclusive um mobiliário que propiciaria uma atmosfera diferente da sala de aula tradicional.

6.3. COMO USAR

Os *layouts* apresentados neste capítulo deverão ser utilizados para auxiliar na aplicação do PBL, na medida em que estes contemplam as seguintes situações: **Layout 1** – nesse arranjo, tem-se um modelo de sala de aula convencional, voltado para aulas expositivas, nas quais o professor facilitador fará a exposição dos conteúdos, a exposição dos conceitos e do problema; **Layout 2** – nesse novo arranjo espacial, os discentes trabalharão em quatro grupos de cinco alunos cada; e **Layout 3** – esse outro arranjo reserva lugar para que todas as equipes apresentem suas soluções, de maneira igualitária e equilibrada, pois a proposta do mobiliário é posicionar todos os presentes no mesmo nível hierárquico.

CAPÍTULO 7

AGENTES E PAPÉIS

OBJETIVOS DO CAPÍTULO

→ Identificar os elementos-chave no relacionamento do PBL em sala
→ Apresentar os diferentes papéis
→ Reconhecer as necessidades de preparação dos agentes
→ Identificar o perfil de cada agente

QUESTÕES PROVOCATIVAS

1. O que seria diferente para o aluno em uma disciplina de PBL?
2. Qual a preparação necessária para o professor atuar em uma disciplina desse tipo?
3. Será que, como professor, sempre vou agradar ao ministrar uma disciplina com a abordagem PBL?
4. O que posso fazer para aumentar a chance de sucesso?
5. Quais elementos do CHA serão desenvolvidos em cada papel?

7.1. VISÃO GERAL

Os diferentes desenhos das disciplinas ancoradas no *Problem-based Learning* (PBL) demandam estrutura humana, que desenvolve o conjunto de atividades. Essa estrutura pode variar, dependendo da complexidade do curso e da maturidade que a entidade institucional tem no que se refere à aplicação da abordagem. Deve ser destacado que os papéis desempenhados são distintos da maior parte das disciplinas tradicionais e devem ser definidos com clareza.

Esses papéis podem ser exercidos exclusivamente pelos agentes internos a uma classe, ou seja, professor e alunos, ou incluírem agentes externos que possam colaborar com o desenvolvimento das atividades e metas educacionais.

De qualquer modo, um aspecto relevante na disciplina é a importância da existência do grupo. É nele que os problemas são definidos, as discussões ocorrem, os relacionamentos se desenvolvem, os professores e os monitores interagem, a aprendizagem se verifica, assim como as crises; divergências para que os trabalhos se materializam.

7.2. O ALUNO

O aluno deve ser preparado, pois, diferentemente de comportar-se de forma passiva em uma disciplina convencional, o PBL exige uma postura ativa e preparada para as especificidades da abordagem. Isso normalmente ocorre das exteriorizações das demandas dos alunos em sua participação nas disciplinas, assim como de horários para atividades extra-aula, o que pode demandar organização de agenda bastante radical.

> *É importante explicar os princípios da abordagem do PBL para que os alunos compreendam quais são as "regras do jogo".*

Nesse sentido, é importante estabelecer de antemão as orientações e os esclarecimentos quanto à abordagem PBL, pois provavelmente grande parte dos alunos não possui experiência anterior em uma disciplina com essa abordagem. É importante explicar os princípios da abordagem para que os alunos compreendam quais são as "regras do jogo".

O tema desenvolvido no Capítulo 4, sobre o CHA (Conhecimentos, Habilidades e Atitudes), é um dos mecanismos consistentes para despertar a atenção e instigar o aluno para uma postura diferente daquela que ele ordinariamente foi exposto. Trabalhar em grupo, por exemplo, é uma habilidade relevante na abordagem do PBL, seja qual for a modalidade, o que proporciona benefícios no ambiente empresarial.

Muito do sucesso do PBL enquanto modalidade ativa para a aprendizagem está relacionada com a expectativa e com o andamento de mudanças observadas nos alunos, já que o contingente envolvido em demandas respondidas por cursos e disciplinas rotuladas de tradicionais ainda é preponderante. Normalmente, quando o tema PBL aparece em diferentes momentos do curso, a imagem de consistência com a proposta da instituição se fortalece.

Com base no princípio da autonomia que norteia o método PBL, recomenda-se que os estudantes formem as equipes de desenvolvimento. Para que as discussões em equipe e a aprendizagem sejam mais produtivas, orienta-se que cada equipe tenha no máximo seis membros. Segundo Enemark e Kjaersdam (2009, p. 34), todos os estudantes têm de saber explicar os resultados de seus estudos e pesquisas aos colegas do grupo. Essa exigência indica a aquisição de conhecimentos teóricos e profissionais, enquanto, no ensino tradicional, os alunos normalmente preocupam-se em memorizar o que o professor ensinou; no modelo orientado pelo PBL, os conhecimentos são avaliados por meio de pesquisas e debates em grupo.

No PBL, os estudantes são o centro do processo de ensino e de aprendizagem, e a responsabilidade pela própria aprendizagem é delegada a eles, que passam a assumir postura ativa perante a construção dos elementos do CHA que desejam desenvolver. Esse processo ocorre por meio do trabalho independente e autônomo que os alunos realizam para que possam trazer contribuições significativas, de modo a cooperar e colaborar com a construção da solução do problema com sua equipe. Assim, os alunos agregam novos **Conhecimentos**, desenvolvem **Habilidades** e apresentam **Atitudes** colaborativas para promoverem a resolução do problema proposto.

> *No PBL, os estudantes são o centro do processo de ensino e de aprendizagem, e a responsabilidade pela própria aprendizagem é delegada a eles.*

Sockalingam (2010) enfatiza que a sociedade busca profissionais na área de negócios que sejam eternos aprendizes e capazes de aplicar os elementos do CHA desenvolvidos em sua formação acadêmica, ao assumirem suas posições no mercado de trabalho.

As pesquisas de Wood (2003), Pinto, Santos e Pereira (2004) e Frezatti e Silva (2014) sugerem que os participantes do PBL, professores e alunos, usem a lógica de papéis para que o método seja desenvolvido.

O sistema educacional brasileiro tem suas raízes nas estruturas tradicionais, e o aluno, ao ingressar em um curso superior, não está preparado para atuar como sujeito responsável pela construção dos elementos do CHA que deseja desenvolver para assumir com maior capacidade as atribuições impostas pelo mercado de trabalho. Isso gera muitos atritos na educação por competências e, especialmente, na introdução da abordagem do PBL, em que o aluno precisa assumir uma postura ativa, colaborativa e cooperativa.

Muitos discentes não se adaptam a essas abordagens por serem introspectivos, não saberem/gostarem de trabalhar em equipe, ou mesmo por nunca terem sido expostos a essa abordagem. Essa abordagem educacional tira o aluno da zona de conforto, pois ele estava direcionado a ir para sala de aula e ser ouvinte, ou seja, ser receptor de conhecimento. Isso mudou, e o aluno precisa estar preparado para as discussões em grupo, estar informado sobre os temas estudados, praticar Habilidades e Atitudes até então não exigidas no universo acadêmico em que está situado.

7.3. O PROFESSOR

No tocante ao professor, este é o responsável por conduzir o processo de ensino e aprendizagem no PBL, assume o papel de facilitador ou de tutor, de modo a direcionar e orientar seus alunos na solução do problema. O professor incentiva os alunos a participarem, permite que eles compartilhem livremente seus pensamentos nas discussões em grupo, certifica-se de que o grupo alcance os objetivos de aprendizagem, verifica a compreensão e avalia o desempenho. Cabe destacar que o professor facilitador ou tutor não tem como principal objeto transmitir conhecimentos e, sim, estimular a troca de conhecimentos e experiências profissionais com os alunos. Esse processo de mudança de papéis entre professor e discente visa à formação de profissionais competentes, possibilitando que sejam aprendizes para toda a vida, ou seja, a aprendizagem é colaborativa e para a prosperidade.

Reitera-se que o PBL necessita de um papel diferente do que geralmente encontramos na educação superior. O professor como centralizador do conhecimento precisa dar lugar ao tutor, com o ideal de interagir com os alunos no nível metacognitivo, questionando-os sobre os raciocínios superficiais e as noções simplistas e equivocadas dos discentes. Assim sendo, este novo papel de facilitador e orientador na formação do conhecimento é visto como o grande desafio que o método PBL impõe aos professores e às instituições, ou seja, ensinar os discentes a trabalharem em conjunto e ou em pequenos grupos é muito diferente para a maioria do corpo de professores das universidades. São inúmeros os desafios enfrentados pelo professor quanto a escolha e concepção de problemas autênticos e com relevâncias temáticas aos discentes e na proposta de desenvolver orientação sem aparentar insegurança ou desconhecimento. Somando-se a isso, o professor deverá transferir a responsabilidade pelo aprendizado e promover a ativação dos alunos, deixando-os discutir e interagir livremente, sendo que este passo encontra muita resistência entre os professores (SANTOS et al., 2007, RIBEIRO, 2008; ARAÚJO; ARANTES, 2009).

De acordo com Hmelo-Silver (2004), o professor facilitador é um especialista, capaz de criar boas estratégias de aprendizado e de pensamento, em vez de ser apenas um especialista no conteúdo. O professor facilitador também deverá apresentar as seguintes características: utilizar estratégias de perguntas que façam os alunos pensar mais profundamente as situações e o contexto do problema; delegar mais autonomia à medida que os alunos se tornam mais experientes com o PBL; mover os discentes por meio do processo do PBL e monitorar a construção das equipes; assegurar o envolvimento de todos os discentes, encorajá-los a externar seus pensamentos e também comentar os pensamentos dos outros colegas; e guiar o desenvolvimento de habilidades de pensamento de alto nível, encorajando-os a justificar seus pensamentos e externar a autorreflexão. Ter habilidades metacognitivas é essencial para a execução do papel de facilitador e de tutor, por exemplo: organização e transformação do aprendizado, ênfase positiva às consequências do apren-

> *O professor facilitador é um especialista em criar boas estratégias de aprendizado e de pensamento, em vez de ser apenas um especialista no conteúdo.*

dizado, uso da autoinstrução, emprego da autoavaliação, definição de metas e de planejamento (MÜHLFELDER; KONERMANN; BORCHARD, 2015).

Salienta-se que, ao trabalhar voltado para este novo perfil, o professor terá oportunidade de ampliar seus conhecimentos no processo andragógico e na superação de desafios e condições opostas ao modelo tradicional de ensino-aprendizagem. Outros ganhos para o professor facilitador também poderão ser elencados, tais como: atualização de conteúdos, aumento da experiência na liderança de equipes multidisciplinares, trabalho colaborativo e desenvolvimento de habilidades metacognitivas que possibilitarão direcionamentos e questões que provoquem nos discentes mais motivação e despertem a crítica. O professor facilitador, ao apresentar ou desenvolver essas características voltadas à nova metodologia, também realizará avaliações mais qualitativas e que, de fato, avaliem o aprendizado efetivo dos discentes, de maneira mais ampla e precisa.

O professor é o principal agente mediador para conduzir o estudante na construção do conhecimento e desenvolvimento de competências, porém não se pode esperar que o professor realize as mudanças necessárias sozinho, sem suporte da IES em que se encontra inserido e sem a formação necessária. A urgência na preparação de professores para atender a este novo perfil de alunos é premente, porém, isto não passa apenas pelo desejo do professor em se aperfeiçoar e, sim, também da IES, que deverá cumprir seu papel por meio de uma estrutura pedagógica que propicie a reflexão e o preparo do professor. Destaca-se que, quando não tem em seu quadro os profissionais necessários, a IES deverá buscar no mercado e ofertar Programas de Educação Continuada (PECs) para informar e formar um novo perfil de professor. Esses programas envolvem palestras, minicursos, visitas técnicas a outras instituições de ensino mais avançadas no quesito, enfim, tudo o que necessário para a mudança de paradigma (de professor centralizador e detentor do conhecimento para o professor facilitador).

As pesquisas de Kolmos e Graaff (2003) apontam que o PBL com foco nos problemas da vida real é um projeto de escala completa no qual o curso das ações pode ser flexível e não totalmente controlado pelo professor, e, como mencionado, isso exige um professor mais bem preparado e flexível. Na formulação do problema, há um direcionamento das disciplinas e dos métodos, e o problema em si surge do tema orientado a este, ou seja, dentro de um mesmo tema no ambiente de trabalho, o grupo pode trabalhar com diversas disciplinas e métodos diferentes. Assim, uma grande quantidade de trabalho envolve a elaboração das diretrizes para a resolução dos problemas, isto é, apresentar os conhecimentos interdisciplinares necessários antes de envolvê-los no processo. Com isso, evidencia-se a necessidade de planejamento e de preparação dos professores.

Não é todo professor que se adapta no processo educacional por meio do PBL. Muitos professores apresentam restrições para percorrer essas veredas, especialmente, pelo poder empregado a ele. O papel do professor muda no ambiente educacional com o PBL e deixa de ser o detentor do conhecimento, aquele que controla o aluno e o conhecimento, ou seja, deixa de exercer autoridade e poder na sala de aula e passa a atuar por meio do diálogo e da troca de experiências entre os professores e os alunos, e entre os alunos. Muitos professores não gostam de estar neste ambiente menos controlado e diferente, em que cada aula exige uma preparação específica oriunda da produção realizada pelos alunos.

Como o trabalho é desenvolvido por meio de equipes, o professor tutor deve monitorar, com frequência, tanto as experiências individuais de cada aluno como a experiência do grupo, ao discutir o problema e a solução, ou mesmo, ao pensar no contexto e no problema.

> *Muitos professores não gostam de estar neste ambiente menos controlado e diferente.*

- → Os temas debatidos são de interesse de todos os integrantes do grupo?
- → De que forma as escolhas feitas em grupo impactam a percepção de cada componente do grupo?
- → Os alunos estão engajados e envolvidos com o grupo?

Além disso, é importante que o professor planeje o cronograma do curso e especifique os momentos em que deverá haver entregas de versões parciais, finais ou mesmo as pautas de reuniões dos grupos. Como os alunos tendem a ter maior flexibilidade para buscar conhecimento e discutir o problema, é importante essa orientação para que as atividades programadas atendam à limitação de carga horária existente em qualquer disciplina.

Outra questão é o compartilhamento de experiências entre os grupos, para que possam expor suas experiências sobre o desenvolvimento do trabalho. É interessante pensar em momentos do curso em que os grupos possam interagir entre si, por exemplo, ao dar a possibilidade para os alunos apresentarem seus projetos à classe e incentivar o *feedback* entre eles.

Por fim, independentemente de o modelo ser presencial ou *e-Learning*, essas etapas podem existir em alguns casos, e em outros não, e mesmo terem durações diferentes, ao se pensar no cronograma da disciplina, ou seja, a organização do curso deve se adequar e ser moldada de acordo com o contexto.

7.4. OS VÁRIOS PAPÉIS NA ATIVIDADE DO GRUPO

Para que os grupos operacionalizem suas atividades, certo nível de estruturação deve ser oferecido, com maior ou menor grau de formalização, para que a disciplina ocorra. O Quadro 7.1 ilustra os principais papéis desenvolvidos, sem prejuízo de outros que possam ser criados com o objetivo de tornar a atividade mais efetiva.

Quadro 7.1. Participantes e papéis no método PBL

PARTICIPANTES	PAPÉIS
Alunos	Colaborar com os tutores, coordenadores e secretários durante a sessão; desenvolver ou ler o problema, dependendo do desenho, com interesse e compromisso; relacionar os termos desconhecidos; expressar suas ideias; apontar ou identificar as hipóteses relacionadas com o problema; identificar ou descrever o contexto em que o problema será analisado; eleger ideias relevantes; definir o cronograma de atividades do grupo; estudar; pesquisar; manter contato com os tutores; elaborar trabalhos solicitados pelos tutores, entre outros.
Coordenador (aluno)	Garantir que a discussão do problema transcorra de maneira metódica e que todos os membros do grupo participem da discussão.
Secretário (aluno)	Registrar fielmente nas atas, com rigor, todas as ocorrências verificadas e a ocorrer com seu grupo.
Tutor (monitores ou professores colaboradores)	Orientar os alunos e esclarecer possíveis dúvidas.
Professor responsável	Conhecer os objetivos e a estrutura do módulo temático; estabelecer metas de aprendizagem; assumir a responsabilidade pedagógica no processo de aprendizagem; orientar na escolha do coordenador e do secretário, e, quando necessário, fazer a escolha destes; estimular, apoiar e ajudar os alunos, de modo que participem ativamente no processo de construção de sua aprendizagem; participar da elaboração do problema; e avaliar os grupos e as sessões tutoriais.
Conferencista (externo à classe)	Participar de sessões teóricas realizando palestras, debates etc.

Fonte: Adaptado de Pinto, Santos e Pereira (2004).

Há aspectos dos papéis esperados de todos os **alunos**, no que se refere ao relacionamento com a classe ou com seu próprio grupo, e se referem tanto a conhecimento sobre disciplina como atividades de desenvolvimento do projeto. O professor responsável deve dispor de mecanismos, para que esses elementos comuns sejam propalados de modo adequado e claro para todos.

O **coordenador** tem por papel liderar e organizar os trabalhos. Pode ser permanente ou mudar de acordo com os ciclos da disciplina no curso. Nos casos de disciplina ofertada ao fim do curso, o aluno se torna automaticamente o coordenador, quando é aquele que obtém uma organização para ser pesquisada. O **secretário** tem a responsabilidade de elaborar a ata de reunião no período. Essa ata deve registrar o que ocorreu na reunião, os participantes e os próximos passos. Deve ser um instrumento não apenas burocrático, mas, sim, um instrumento de planejamento e controle do grupo. Sua existência proporciona determinado grau de formalização e responsabilização, principalmente para grupos remotos como no *e-learning*.

Com responsabilidades institucionais, surgem os **tutores** e o **professor responsável**. O professor conduz todo o processo, a partir do direcionamento de um projeto político pedagógico do curso, integrando, com as demais, a disciplina baseada no PBL, tanto no momento de aplicação quanto no tipo de atividades e conteúdos. Ele viabiliza a aplicação da disciplina e, nessa abordagem, apresenta-se mais como um **gestor educacional** que como um transmissor de conhecimentos. Embora seja algo a se desenvolver em qualquer disciplina, tradicional ou ativa, o planejamento de atividades implica ajustes feitos durante o desenvolvimento e seu rigoroso controle. Por sua vez, o tutor, que pode ser um professor ou um aluno em estágio avançado do mestrado ou doutorado, acompanha o desenvolvimento do grupo e dos alunos individualmente, sob a coordenação do professor responsável.

> Na abordagem do PBL, o professor apresenta-se mais como um gestor educacional do que como um transmissor de conhecimentos.

Alguns papéis podem ser encontrados como complemento ao modelo apresentado. Uma das possibilidades decorre do convite de participantes externos para complemento de experiências ou mesmo do relato por parte de executivos de empresas em que o projeto se desenvolve. São os **conferencistas**, que proporcionam a chance de trazer para a sala de aula a realidade que esteja ocorrendo nas organizações.

7.5. CRITÉRIOS PARA DEFINIÇÃO DOS GRUPOS

Os **grupos** devem ser estruturados de acordo com algum critério que preserve equilíbrio dentro da classe no que se refere à chance de desenvolver dado problema com sucesso. Dessa maneira, o modo de dividir a classe em grupos de 3, 4, 5 ou 6 alunos dependerá de alguns parâmetros. Não há dúvida de que a formação dos grupos é crucial para o sucesso da implementação da abordagem PBL em um curso. O professor tem, pelo menos, duas opções principais para organizar a classe, no sentido de definir a formação dos grupos. A primeira é o professor delegar aos alunos essa incumbência, o que provavelmente tende a ser definido de acordo com o grau de afinidade entre os alunos ou do interesse em relação aos temas e pode deixar de fora os alunos não entrosados com a turma. A outra é o próprio professor definir as equipes.

Alguns pesquisadores utilizam critérios de perfis psicológicos para a estruturação; outros, a conveniência de interesse dos alunos sobre determinado tema, equilíbrio entre grupos que possam ter acesso a empresas ou mesmo exequibilidade física de trabalhos conjuntos. Embora não haja um critério único, é fundamental que o professor responsável possa responder a uma questão bem simples: **O que ele deseja do grupo? Homogeneidade, colaboração, potencialidade de pensamento distinto, dificuldades no relacionamento?** Dependendo do que é perseguido, a estratégia pode ser diametralmente diferente.

No caso de o professor definir a formação dos grupos, há abordagens distintas que podem ser seguidas por ele. Os critérios que o professor pode utilizar permeiam:

→ O perfil psicológico do aluno, que pode ser implantado com a aplicação de questionários que capturem o perfil psicológico dos alunos, com o objetivo de equilibrar diferentes perfis dentro de um grupo.

→ A experiência profissional, agregando alunos com experiência de estágio e emprego com outros sem experiência profissional, ou mesmo alunos que atuam em diferentes áreas de uma empresa e em empresas de diferentes portes e setores, por exemplo, bancos e indústrias.

→ O interesse do aluno em determinado tema ou problema.

Para aumentar a complexidade da definição dos grupos, o professor pode combinar esses diferentes critérios. O ponto-chave para essa escolha é o estímulo que o professor tutor pretende imprimir nos grupos quanto a desafios, interações e conflitos entre os membros de um grupo.

7.6. COMO USAR

Problem-based Learning (One-day One-problem): o professor assume o papel de professor responsável, pois é ele que direciona a formação dos grupos e elabora o problema a ser utilizado em cada aula, que tem como base determinado conteúdo programático. O professor responsável tem domínio sobre o conteúdo e sobre o ciclo de aprendizagem esperado dos alunos. Os alunos têm a possibilidade de trabalharem em cada aula com um grupo formado por pessoas diferentes, em que os papéis são redistribuídos de modo que todos tenham oportunidade de vivenciá-los.

Case-based Learning: exige mais experiência tanto do docente quanto do discente na abordagem do PBL. Nessa abordagem, tanto o professor quanto o aluno podem trazer para a sala de aula os problemas, que, em sua maioria, são reais e oriundos do universo profissional no qual o estudante está inserido. O professor assume os papéis de professor responsável e de tutor, tendo como principais trabalhos: transformar o problema em um bom problema, a fim de que este atenda aos objetivos de aprendizagem; e participar da troca de experiências com os alunos, de modo a auxiliá-los na elaboração das soluções com suas ponderações e/ou sugestões de melhorias nas soluções apresentadas.

Project-based Learning: o professor assume o papel de tutor, por possuir as diretrizes para o produto final. Tendo em vista que ele participa e direciona o projeto a ser desenvolvido em um longo período (o projeto pode ter duração de meses, bimestre ou semestre), não tem como iniciar, desenvolver e terminar o projeto em uma única aula. Os grupos atuam com os mesmos integrantes durante todo o processo, o que acarreta uma aproximação do aluno com apenas um dos papéis. Nessa abordagem, o aluno troca de papel (coordenador, secretário e membro), quando se inicia um novo projeto. Como mencionado anteriormente, o problema pode ser definido pelo professor (este, a cada encontro, adquire melhor controle da aprendizagem de cada aluno e está mais próximo da abordagem de ensino tradicional) ou pelos alunos. Tal situação gera, para o professor tutor, uma dependência e aumenta o grau de incerteza em relação ao desenvolvimento de cada aluno no processo de ensino e aprendizagem, pois depende do empenho atribuído pelo aluno ao curso, dos materiais compartilhados pelos alunos em sala de aula a cada encontro, e, nesse sentido, pode haver uma distância da abordagem de ensino tradicional.

CAPÍTULO 8

AVALIAÇÃO NOS PROJETOS PBL

OBJETIVOS DO CAPÍTULO

- Discutir a avaliação aplicada ao PBL
- Distinguir as diferentes estratégias de avaliação do conhecimento, das habilidades e das atitudes
- Propor direcionamento para avaliação de aluno em disciplina que adota o PBL

QUESTÕES PROVOCATIVAS

1. Por que segmentar a avaliação de alunos do PBL em conhecimentos, habilidades e atitudes?
2. O que seria importante na condução de uma disciplina de PBL em termos de avaliação?
3. Qual o papel do *feedback* no desenvolvimento de uma disciplina com a abordagem PBL?

8.1. PARA QUE FAZER AVALIAÇÃO?

A avaliação no processo educacional é algo de suma importância. Permite à instituição, ao aluno e ao professor dispor de parâmetro para seu posicionamento e ações futuras. Mais do que isso, possibilita à instituição autoavaliar-se e, por fim, se reposicionar. A abordagem pode captar diferentes perspectivas, variando do enfoque do conhecimento adquirido e das competências aperfeiçoadas. Contudo, na mesclagem do conjunto de instrumentos avaliativos, têm-se mecanismos para identificar o grau de conhecimento, especificamente das notas que despencam e na sensação de que algo está errado (ANDERSON; KRATHWOHL, 2000).

Dessa feita, **o papel mais importante da Avaliação** é o de auxiliar na construção da aprendizagem do aluno. A avaliação tem por intenção a instrumentalização, a promoção e o trabalho com contextos que permitam aos alunos desenvolver suas práticas profissionais, preocupando-se com a qualidade da aprendizagem enquanto processo de apropriação e construção do saber, de modo que os sujeitos possam compreender a realidade social. Atendendo assim à Lei de Diretrizes e Bases de número 9.394, de 1996, que visualiza a avaliação tanto em seus aspectos de diagnosticar o desempenho, como nos de promover novos conhecimentos que atendam a diferentes necessidades do indivíduo no meio social.

A avaliação deve ter como principal função o acompanhamento do processo de apropriação e construção individual e coletiva do saber. Por um lado, orientar o professor quanto ao aperfeiçoamento de sua metodologia e, por outro, possibilitar a melhora do desempenho do aluno. A avaliação da aprendizagem é um recurso pedagógico, que é útil e necessário para analisar o que se faz, auxiliando o professor e o educando na busca constante do conhecimento, sob uma visão essencialmente formadora (WITTACZIK, 2007).

Avalia-se o aluno para saber se ele, além dos conhecimentos construídos com as informações transmitidas pelo professor ou obtidas por si próprio, adquiriu as competências essenciais para sua participação efetiva na sociedade. Competências essas que deveriam ser desenvolvidas no decorrer do curso superior, diante de sua responsabilidade de formar integralmente os alunos, para que eles possam viver o hoje e se preparar para o amanhã. Isso é promovido por um sistema de ensino comprometido com o desenvolvimento das competências dos alunos e encontra na avaliação caminhos para que os alunos sejam bem-sucedidos na travessia da passarela da aprendizagem acadêmica ao mercado de trabalho.

> *A avaliação deve ter como principal função o acompanhamento do processo de apropriação e construção individual e coletiva do saber.*

Várias perguntas surgem: Afinal, faz sentido haver notas altas em trabalhos coletivos e notas baixas em avaliações individuais? As notas coletivas estão superestimadas ou as notas individuais são subestimadas? Faz sentido somar notas de conhecimentos, habilidades e atitudes por termos uma disciplina em um conjunto de disciplinas tradicionais? Como interpretar a nota e a aprovação de alunos ao fim do semestre? Na verdade, embora sejam inúmeras as perguntas, a questão principal que permeia nossa reflexão está baseada nestas últimas indagações: Em um ambiente competitivo e cooperativo, além de aprovar e reprovar, como entender os alunos de melhor desempenho e os de desempenho inferior? Como proporcionar um *feedback* que seja útil ao seu desenvolvimento?

As questões são inúmeras, mas certamente a avaliação serve, independentemente das questões legais, burocráticas e formais, para orientar tanto o aluno quanto o docente e a instituição, e a questão central se refere ao como fazer.

8.2. AVALIAÇÃO EM UMA DISCIPLINA BASEADA NO PBL

Ainda que a literatura trate das questões da avaliação nos cursos com *Problem-based Learning* (PBL), as preocupações explicitadas dizem respeito muito mais sobre a técnica propriamente dita e não em relação à percepção que fica por parte dos alunos e dos professores sobre o que fizeram no que se refere à avaliação. A lacuna a ser tratada diz respeito ao aprendizado do aluno, já que a lógica do CHA (Conhecimentos, Habilidades e Atitudes) é apresentada de maneira segmentada, quando, na verdade, tem uma enorme intersecção e, ao mesmo tempo, tem impactos recíprocos e sequenciais. Nesse sentido, busca-se a interação entre os elementos e o entendimento das influências de um dos elementos sobre os outros. Dessa maneira, como conviver com um sistema de avaliação tradicional que segmenta e atribui peso e, ao mesmo tempo, usa essa avaliação de forma coerente e consistente com a perspectiva de *active learning*?

A aprendizagem é vista de maneira holística no PBL, e, assim, avalia-se a capacidade dos alunos de atuar em um contexto profissional, reconhecer sua necessidade de adquirir novos conhecimentos, habilidades e atitudes (DESAULNIERS, 1997). O PBL permite formar futuros profissionais aptos a construírem seu próprio conhecimento e a trabalhar em grupo de modo articulado e fecundo, no qual a estruturação do processo de avaliação permite um sistema de ensino e aprendizagem contínuo (SIQUEIRA-BATISTA; SIQUEIRA-BATISTA, 2009).

Para eliminar a ambiguidade na avaliação, devem-se observar as práticas apresentadas por Woods (2000, p. 7), isto é, os objetivos, os critérios, os instrumentos, os recursos e o processo avaliativo. Marks-Maran e Thomas (2000) afirmam que um sistema de avaliação baseado em problemas deve, portanto, ser projetado para medir os seguintes aspectos do desempenho dos alunos: o conteúdo do curso, a habilidade de utilizar o conhecimento adequado para resolver problemas da vida real, a capacidade de fornecer evidências que justificam as decisões que foram tomadas, bem como a avaliação da análise de uma situação crítica, a síntese das diversas fontes pesquisadas e a decisão tomada pelos alunos. Além disso, ressaltam a importância de

> *A aprendizagem é vista de maneira holística no PBL, e, assim, avalia-se a capacidade dos alunos de atuar em um contexto profissional.*

avaliar no PBL a capacidade dos alunos de trabalhar de maneira independente e em cooperação com os demais integrantes do grupo.

O PBL utiliza-se de uma variedade de métodos de avaliação, no decorrer do processo de ensino e aprendizagem (da disciplina, do semestre ou do curso). A qualidade do *feedback*, no PBL, melhora, ao envolver diferentes instrumentos de avaliação, bem como ao utilizar a autoavaliação e a avaliação pelos pares, e diferentes avaliadores (professor, aluno e colegas). Além disso, a avaliação engloba técnicas e instrumentos que podem ser modificados e adaptados de outras abordagens, porém o importante é garantir um equilíbrio entre o programa (objetivos educacionais), variedades de instrumentos e tempo de avaliação (MACDONALD; SAVIN-BADEN, 2004; SIQUEIRA-BATISTA; SIQUEIRA-BATISTA, 2009).

Na pesquisa realizada por MacDonald e Savin-Baden (2004), encontram-se os principais instrumentos de avaliação utilizados no PBL, a saber: apresentação em grupo, apresentação individual, tripartida (tríplice), trabalhos individuais baseados em casos, projeto baseados em casos práticos para o cliente, portfólio/pasta, salto triplo, autoavaliação, avaliação pelos pares, exames por viva-voz (exames orais), diários ou *journals* reflexivos (*online*), avaliação do tutor/facilitador, relatórios, entre outros instrumentos (exposições, obras de arte, performances artísticas, *design* ou laboratórios).

Na visão de Brandão (2009), os processos cognitivos ou a aquisição de conhecimento, habilidades e atitudes são oriundos da inserção e interação do indivíduo no meio social. Desse modo, a competência pode ser definida como desempenho profissional ou social expressa pelo sujeito, de seus conhecimentos, habilidades e atitudes, em um contexto específico (BRANDÃO, 2009).

Com isso, pode-se perceber a potencialidade do PBL integrando conhecimentos obtidos em dada disciplina ou mesmo durante toda a vida. O papel do grupo, nesse caso, constitui-se em um elemento que permite ao aluno aprender, lembrar e resgatar conhecimentos anteriormente tratados.

De acordo com Desaulniers (1997), a competência é inseparável da ação, e os conhecimentos teóricos são utilizados de acordo com a capacidade de executar as decisões que a ação sugere. A competência se constrói, portanto, na articulação entre um saber e um contexto; além disso, o profissional é capaz de transpor a aprendizagem para outros contextos. Assim, ser competente é:

→ Saber agir com competência.
→ Saber mobilizar saberes e conhecimentos em um contexto profissional.
→ Saber integrar ou combinar saberes múltiplos e heterogêneos.

- → Saber transpor barreiras.
- → Saber aprender e aprender a saber.
- → Saber envolver-se.

O profissionalismo e a competência resultam não somente de um saber agir, mas também de um querer agir e de um poder agir, e associados à competência,

> *No PBL, é importante avaliar a capacidade dos alunos de trabalhar de maneira independente e em cooperação com os demais integrantes do grupo.*

estão os aspectos cognitivos, afetivos e sociais inerentes à motivação humana (LE BOTERF, 2000).

Avaliar competência é o meio que tanto o docente tem para reconhecer quanto o discente tem para descobrir a sua capacidade ao aplicarem o que aprenderam no curso em situações reais. É necessário conscientizar o aluno de que ele só obterá sucesso nesse processo de ensino e aprendizagem se houver empenho, dedicação e comprometimento com o que está sendo proposto. O processo de ensino deve ser direcional, de modo a vislumbrar que os aprendizes sejam competentes para agir em situações reais, à medida que são capazes de aplicar e integrar os elementos do CHA em suas atividades profissionais e/ou em outros contextos (ZABALA; ARNAU, 2014).

Conhecer o nível de domínio que os alunos adquiriram do CHA é uma tarefa bastante complexa, pois implica utilizar a abordagem do PBL, por meio de problemas reais oriundos do contexto empresarial brasileiro, refletindo a atuação profissional dos participantes dos cursos da área de negócios. Os instrumentos de avaliação são diversos e trazem especificidades para cada um dos componentes do CHA.

O docente é o responsável por estabelecer e apresentar aos alunos, as rubricas que serão utilizadas para avaliar se o CHA foi desenvolvido ou não. A rubrica é composta por indicadores de cada um dos componentes conceituais, procedimentais ou atitudinais da competência, ou seja, do CHA. A informação para a avaliação de competências não deve limitar-se ao conhecimento adquirido em provas, mas ser o resultado dos diversos instrumentos utilizados para observar o quanto o aluno é competente.

Nesse sentido, discutiremos o processo de avaliação do CHA e sua interface com as avaliações aplicadas no PBL, tendo em vista que o elemento principal e direcionador das atividades avaliativas do CHA é o problema.

No ensino do CHA, o processo avaliativo percorre outras veredas muito além das práticas avaliativas centradas nos conteúdos, nos conceitos ou nos objetivos específicos. Nessa abordagem, a avaliação tem como foco a atividade, contempla um conjunto de atividades que são integradas a um problema, de modo a explorar um interdisciplinariedade. Tem um processo complexo cujo enfoque está em analisar o desenvolvimento e o domínio dos elementos do CHA no processo de ensino e de aprendizagem.

CAPÍTULO 8

> *Avaliar Competências consiste em avaliar processos de resolução de problemas em contextos reais ou o mais aproximado possível.*

Avaliar Competências, o CHA, consiste em avaliar processos de resolução de problemas em contextos reais ou o mais aproximado possível, das situações reais nas quais se pretende que o futuro profissional atue de forma competente (ZABALA; ARNAU, 2014; DE KETELE, 2006). Rosa, Cortivo e Godoi (2006) argumentam que não se trata de avaliar o indivíduo, mas seu agir profissional em determinado contexto.

Ao preparar os procedimentos para avaliar competências, o docente precisa direcionar sua atenção para o fato de os elementos do CHA serem utilizados pelo indivíduo em uma situação de integração, isto é, em uma situação complexa que contenha quer informação essencial, quer acessória, ou mesmo desnecessária, como ocorre nas situações reais do cotidiano profissional e pessoal dos cidadãos. Isso remete ao fato de o processo avaliativo se dar no momento que se exige do aluno uma resposta eficiente diante da ocorrência de uma situação real alocada a determinado contexto. Sendo possível avaliar o aluno no momento em que se exige dele uma atuação competente, pois ser competente supõe ser capaz de responder com eficiência em uma situação real. Além disso, implica a mobilização, a combinação e a aplicação dos mais importantes saberes (Conhecimentos), saber fazer (Habilidades) e saber agir (Atitudes) abordados nas aprendizagens anteriores, que devem ser traduzidos em um produto observável e avaliável (DE KETELE, 2006; ZABALA; ARNAU, 2014).

8.3. AVALIAÇÃO DOS ELEMENTOS DO CHA

A **avaliação dos Conhecimentos** ocorre por meio de instrumentos formativos e diagnósticos, que visam identificar os conhecimentos prévios do aprendiz ao ingressar no curso, promovendo o direcionamento dos conteúdos abordados e a inclusão do aluno no processo, respeitando as diferenças e construindo o conhecimento coletivamente.

Embora as provas sejam um instrumento apropriado para mensurar o nível de Conhecimento que um aluno tem sobre os conteúdos factuais, as atividades mais apropriadas consistem na resolução de problemas pelo uso dos conceitos que refletem a aplicação prática de diversos conteúdos teóricos em determinado contexto profissional.

No que diz respeito aos procedimentos, ou seja, na **avaliação das Habilidades,** utilizam-se atividades que permitam comprovar a funcionalidade dos procedimentos para os alunos, quer dizer, atestar se são capazes de usá-los em uma diversidade de situações reais e de modo flexível. As Habilidades "Trabalho em Equipe" e "Solução de Problema" são o elo entre as demais Habilidades e Atitudes. Espera-se que o profissional da área de negócios seja capaz de trabalhar em equipes formadas por profissionais de diversas áreas e atue com uma postura crítica na solução dos problemas de seu cotidiano profissional.

Para a **avaliação das Atitudes**, o aluno precisa ser exposto a situações conflituosas que possam ser avaliadas por meio de estratégias, como a observação sistemática das opiniões e das ações nas atividades grupais, nos debates nos grandes grupos, nas manifestações dentro e fora da aula. Os elementos atitudinais passam a ser evidenciados por meio das relações interpessoais das equipes de trabalho em que se percebe o nível em que o sujeito atua com comprometimento, flexibilidade, respeito e cooperação na execução de suas tarefas.

8.4. INSTRUMENTOS AVALIATIVOS DAS HABILIDADES E ATITUDES

No ensino na área de negócios, os instrumentos mais utilizados na avaliação das Habilidades e das Atitudes são:

- → A **socialização dos resultados**: os alunos apresentam seus trabalhos oralmente ou por escrito para o docente e para os demais membros da turma, em grupo ou individualmente.
- → O **relatório técnico**: é um texto escrito estruturado que contempla o passo a passo do desenvolvimento do problema e a proposta de solução.
- → A **observação docente**: é a observação das condutas do aluno para avaliar o nível de domínio da competência.

São instrumentos que consistem em atividades que possibilitam aos alunos se expressarem por meio da comunicação oral e escrita, apresentarem a solução do problema investigado com as estratégias implantadas e a fundamentação teórica desenvolvida, proporcionando uma solução que seja possível de ser aplicada na prática. Além desses, destacam-se:

- → A **autoavaliação**: o aluno julga seu próprio desempenho com base nos elementos do CHA, ou seja, se foi competente na realização de suas tarefas.
- → A **avaliação pelos pares**: o aluno julga o quanto os outros alunos desenvolveram os elementos do CHA, ou seja, se foram competentes na realização de suas tarefas.

Já a autoavaliação e a avaliação pelos pares é o retrato do ponto de vista dos alunos sobre o quanto são competentes ao trabalharem na proposta de solução do problema real. Além de como entender, por meio da avaliação dos colegas

> *Autoavaliação e avaliação pelos pares é o retrato do ponto de vista dos alunos sobre o quanto são competentes ao trabalharem na proposta de solução do problema real.*

de grupo, se os alunos tiveram domínio e desenvolveram as Habilidades e Atitudes propostas durante o curso. Esses instrumentos permitem ao docente realizar uma observação sistemática do grupo de trabalho, especialmente, nos trabalhos interno do grupo e fora da sala de aula.

Cabe enfatizar que tanto a autoavaliação quanto a avaliação pelos pares são instrumentos avaliativos que alicerçam o PBL, porém pouco disseminadas no ensino na área de negócios no Brasil. Ao aplicá-las, faz-se necessário conscientizar o aluno da importância do *feedback*, de modo a desenvolvê-la com ética e responsabilidade; visa despertar nos alunos a natureza cooperativa do ambiente do PBL, pois, quando não é competente para realizar determinada tarefa e a deixa sem fazer ou não busca recurso ou auxílio, estará prejudicando o desenvolvimento de toda a equipe de trabalho e não apenas a si mesmo (MACDONALD; SAVIN-BADEN, 2004; ARAÚJO; ARANTES, 2009; RIBEIRO, 2008; MARTINS; ESPEJO, 2015).

Observa-se que esta discussão tem respaldo no trabalho de Marks-Maran e Thomas (2000), ao afirmarem que um sistema de avaliação baseado em problemas deve, portanto, ser projetado para medir os seguintes aspectos do desempenho dos alunos:

→ O conteúdo do curso.
→ A habilidade para resolver ou prevenir problemas da vida real.
→ A habilidade de realizar a autoavaliação reflexiva.
→ A capacidade de fornecer evidências que justifiquem as decisões que foram tomadas.
→ A capacidade de analisar uma situação crítica, sintetizar o conteúdo oriundo de diversas fontes de pesquisa e avaliar a decisão tomada.
→ A capacidade de trabalhar de forma independente e em cooperação com um grupo.

A estruturação do processo de avaliação no PBL permite um sistema de ensino e de **aprendizagem contínuo**, em que a qualidade do *feedback* melhora ao envolver diferentes instrumentos de avaliação e diferentes avaliadores (professor, aluno e colegas). É imprescindível que tais instrumentos ofereçam informação, constantemente, de como os alunos estão sendo competentes. Assim, tem-se o processo avaliativo integrado ao processo de ensino e de aprendizagem, o que significa que a avaliação ocorre ao longo de todo o processo de ensino e aprendizagem, um processo intencional e continuado, que vai acontecendo no dia a dia da sala de aula, e promove ação formativa, que favorece a autonomia e a participação efetiva dos envolvidos no processo de avaliação de competências (PELLEGRINI, 2003; WITTACZIK, 2007; RAMOS, 2001). Complementando, Siqueira-Batista e Siqueira-Batista (2009) afirmam que o PBL permite formar futuros profissionais competentes e capazes de trabalharem na construção do conhecimento e no desenvolvimento de suas Habilidades e de suas Atitudes de maneira contínua.

Na verdade, avaliar competência "não se trata de avaliar o indivíduo, mas seu agir profissional em um determinado contexto" (ROSA; CORTIVO; GODOI, 2006, p. 82). O Quadro 8.1 detalha a estrutura do processo cognitivo da taxonomia de Bloom revisada, que é importante para se pensar em avaliação de competências:

Quadro 8.1. Estrutura do processo cognitivo da taxonomia revisada

DIMENSÕES	ESPECIFICAÇÃO	VERBOS
Lembrar	Reconhecer e reproduzir ideias. Distinguir e selecionar dada informação.	Reconhecendo e reproduzindo.
Entender	Estabelecer uma conexão entre o novo conhecimento e o existente. Efetivada quando o aprendiz explica com suas próprias palavras.	Interpretando, exemplificando, classificando, resumindo, inferindo, comparando e explicando.
Aplicar	Executar ou usar procedimento numa situação específica ou situação nova.	Executando ou implementando.
Analisar	Dividir a informação em partes relevantes, importantes e não importantes e entender a relação entre as partes.	Diferenciando, organizando, atribuindo e concluindo.
Avaliar	Realizar julgamento baseado em critérios e padrões qualitativos e quantitativos ou de eficiência e eficácia.	Checando e criticando.
Criar	Colocar elementos juntos com o objetivo de criar uma nova visão, solução, estrutura ou modelo utilizando conhecimentos previamente obtidos.	Generalizando, planejando e produzindo.

Fonte: Adaptado de Ferraz e Belhot (2010).

Bloom et al. (1983) propõem uma abordagem abrangente no que se refere à estruturação de uma disciplina. Iniciando pelo conhecimento, evolui para a avaliação. Muito embora seja sequencial, não especifica o tempo transcorrido entre o primeiro elemento e o último. Posteriormente, Anderson e Krathwohl (2000) revisaram a taxonomia de Bloom, batizando-a de taxonomia revisada, qual foi utilizada neste capítulo como pano de fundo da análise.

> *A estruturação do processo de avaliação no PBL permite um sistema de ensino e de **aprendizagem contínuo**, em que a qualidade do feedback melhora ao envolver diferentes instrumentos de avaliação e diferentes avaliadores.*

Por sua vez, a estrutura revisada se integra às seguintes dimensões de conhecimento:

→ **Efetivo ou factual:** conhecimento básico que o discente deve ter para acompanhar o processo. Os conhecimentos devem ser apenas lembrados, não necessariamente entendidos.

→ **Conceitual:** inter-relação entre conceitos básicos que precisam ser conectados. Esquemas, estruturas e modelos precisam ser entendidos. Antes de aplicar o modelo, é fundamental entendê-lo.

→ **Procedimental:** conhecimento do "como realizar alguma coisa" utilizando modelos, estruturas e algoritmos. O conhecimento abstrato passa a ser estimulado em um contexto único e não interdisciplinar.

→ **Metacognitivo:** reconhecimento da cognição em geral e da consciência da amplitude e profundidade adquirido de dado conhecimento. Relacionado com interdisciplinaridade, conhecimento estratégico e autoconhecimento.

O cruzamento das duas dimensões permite um relevante modelo para análise (Quadro 8.2):

Quadro 8.2. Processo cognitivo e conhecimentos

DIMENSÕES	LEMBRAR	ENTENDER	APLICAR	ANALISAR	AVALIAR	CRIAR
Efetivo ou factual	Objetivo 1					
Conceitual		Objetivo 2	Objetivo 3	Objetivo 4		
Procedimental				Objetivo 5	Objetivo 6	
Metacognitivo						Objetivo 7
Elementos do CHA	Conhecimento		Habilidade		Atitude	

Fonte: Adaptado de Ferraz e Belhot (2010)

Objetivos podem ser estabelecidos dentro de cada quadrante, levando-se em conta atingir a dimensão ambicionada que é criar. A taxonomia aparenta determinada estabilidade, sendo o conhecimento definido *a priori*. Contudo, na utilização do PBL, o aluno define o problema a ser tratado, o que torna a visão da taxonomia de Bloom algo muito mais dinâmico e volátil. Nesse sentido, os conceitos a serem tratados somente podem ser definidos depois que o problema a ser tratado se torna claro.

8.5. COMO USAR

A avaliação no PBL ocorre com o intuito de apoiar a aprendizagem, avaliando a capacidade dos alunos de atuarem em um contexto profissional. Os autores MacDonald e Savin-Baden (2004, p. 7) destacam a seguir alguns elementos essenciais do processo avaliativo do PBL.

> *Na utilização do PBL, o aluno define o problema a ser tratado, o que torna a visão da taxonomia de Bloom algo muito mais dinâmico e volátil.*

A **avaliação** deve:

- Ter base em um contexto prático real ou simulado que os alunos encontrarão no mercado de trabalho.
- Refletir o desenvolvimento do aluno ao longo dos estudos, partindo de um nível básico (iniciante) para um profissional atuante no mercado de trabalho (especialista).
- Avaliar o que o profissional faz em sua prática profissional, que são atividades sustentadas por conhecimentos, habilidades e atitudes adequadas.

Os **alunos** devem:

- Começar a apreciar e experimentar o fato de que, ao desenvolverem suas atividades profissionais, encontrarão clientes, usuários, entidades profissionais, colegas, concorrentes, autoridades legais, que estarão avaliando seu desenvolvimento profissional.
- Ser capazes de realizar a autoavaliação e a reflexão, como a base do desenvolvimento profissional contínuo e da aprendizagem autodirigida.

Os **professores** devem garantir que haja alinhamento entre:

- Os objetivos de aprendizagem do curso e os dos alunos.
- A aprendizagem e os métodos de ensino adotados.
- A avaliação da aprendizagem, as estratégias, os métodos e os critérios.

O Quadro 8.3 contempla a interface entre os instrumentos de avaliação do PBL e os elementos do CHA:

Quadro 8.3. Interface entre PBL e CHA

ELEMENTOS DO CHA	DESCRIÇÃO	INSTRUMENTO AVALIATIVO	FORMA
Conhecimentos	→ Compreensão PBL → Compreensão do problema escolhido pelo grupo → Compreensão de conceitos da disciplina	Prova formativa e diagnóstica	Individual
Conhecimentos	→ Socialização dos resultados	Relatório técnico-científico e apresentação oral realizada em sala.	Grupo
Habilidades	→ Comunicação → Trabalho em equipe → Análise crítica → Solução de problema → Liderança	Relatório técnico-científico, apresentação oral realizada em sala e observação docente	Grupo
		Apresentação oral, observação docente, autoavaliação e avaliação pelos pares	Individual
Atitudes	→ Comprometimento → Flexibilidade → Colaboração/cooperação → Respeito pela opinião dos colegas → Iniciativa	Relatório técnico-científico, apresentação oral realizada em sala e observação docente	Grupo
		Apresentação oral, observação docente, autoavaliação e avaliação pelos pares	Individual

Fonte: Adaptado de Frezatti et al. (2016).

CAPÍTULO 9

MODELO CANVAS

OBJETIVOS DO CAPÍTULO

→ Apresentar o modelo CANVAS
→ Explicitar os benefícios da inclusão do modelo CANVAS no PBL
→ Demonstrar a aplicabilidade do modelo CANVAS

QUESTÕES PROVOCATIVAS

1. O que devo saber sobre o CANVAS antes de aplicá-lo?
2. Quais são os benefícios do modelo CANVAS para a abordagem PBL?
3. Como operacionalizar o PBL CANVAS?

9.1. O QUE É

Existem várias ferramentas que podem ser utilizadas no contexto do PBL, por professores e alunos, para auxiliá-los no desenvolvimento de suas atividades. Entre essas ferramentas, apresentamos o modelo CANVAS, que tem o potencial de contribuir desde a concepção de um curso até ser utilizado como recurso pedagógico na abordagem PBL.

O modelo CANVAS é originário de um trabalho cooperativo que envolveu pesquisadores e profissionais de diversas regiões do mundo, e que é assinado por Alex Osterwalder e Yves Pigneur. O modelo é apresentado na obra denominada *Business Model Generation*, que teve sua última edição publicada no ano de 2010 e sua versão traduzida para o português denominada *Inovação em Modelos de Negócios – Business Model Generation*, em 2011.

O modelo CANVAS consiste em um mapa visual do negócio e propõe uma linguagem comum para descrever, visualizar, avaliar e alterar modelos de negócios. Nesse sentido, por meio de recursos visuais como mapa, adesivos e imagens, o modelo CANVAS consiste em um meio de serem apresentados os elementos principais que compõem a ideia e/ou proposta de um negócio.

Nos últimos anos, o CANVAS tem sido utilizado por incubadoras e aceleradoras de *startups* e por empreendedores em geral para disseminar a ideia de negócios inovadores para os públicos interno e externo (investidores, consultores, bancos, parceiros, outros empreendedores, bem como outros *stakeholders*). No Brasil, o Sebrae e outras instituições que trabalham com o tema de inovação e empreendedorismo têm disseminado o modelo CANVAS (SEBRAE, 2013).

Segundo o Sebrae (2013), os diferenciais do modelo CANVAS abrangem quatro aspectos:

- → **Pensamento visual:** o modelo CANVAS permite trabalhar a ideia do negócio e seus elementos de maneira visual, dinâmica e interativa.
- → **Visão sistêmica:** o modelo CANVAS permite olhar para todos os aspectos e atributos relevantes para um modelo de negócios.
- → **Cocriação:** o modelo CANVAS permite a participação de outras pessoas na criação do modelo, inclusive indivíduos que não vivenciam diretamente o negócio.
- → **Simplicidade e aplicabilidade:** o modelo CANVAS é simples de ser compreendido e aplicado, e não requer nenhum custo significativo. A criação do modelo demanda uma folha com quadro, autoadesivos e caneta.

A equipe Strategyzer (https://strategyzer.com) publicou recentemente uma pesquisa sobre as percepções dos usuários do modelo CANVAS. Dentre as contribuições, os participantes consideram que o modelo é um mecanismo de comunicação de estratégia, que cria uma linguagem comum a respeito de um modelo de negócios e permite colocar as ideias sobre a mesa. Além disso, as funções mais citadas pelos usuários do modelo CANVAS são o desenvolvimento de novos negócios (36%), de novos produtos/serviços de negócios existentes (21%), de reorientação estratégica na empresa (19%) e de renovação do modelo de negócios vigente (15%).

> *O modelo CANVAS consiste em um mapa visual do negócio e propõe uma linguagem comum para descrever, visualizar, avaliar e alterar modelos de negócios.*

9.2. ESTRUTURAÇÃO DO MODELO

Em síntese, o modelo CANVAS explora nove blocos que compõem os principais elementos de um negócio (Figura 9.1). Esses nove blocos podem ser agrupados em quatro perguntas que tratam da proposta de um negócio (OSTERWALDER; PIGNEUR, 2010; SEBRAE, 2013). Uma descrição mais detalhada dos nove blocos e de exemplos pode ser consultada na obra *Business Model Generation*.

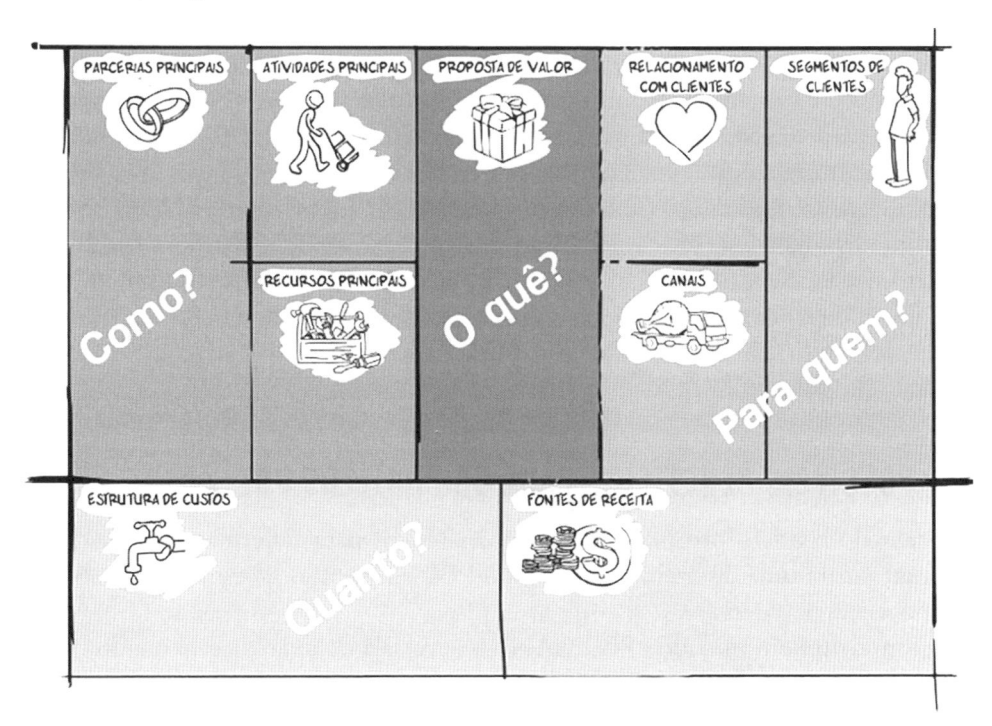

Figura 9.1. Quadro de Modelo de Negócios (*Business Model Canvas*).
Fonte: Sebrae (2013).

Vou fazer **O QUÊ?**
Proposta de valor.

PARA QUEM essa proposta é direcionada?
Segmentos de clientes.
Canais de distribuição/relacionamento.
Relacionamento com clientes.

COMO vou fazer para operacionalizar esse negócio?
Recursos principais.
Atividades principais.
Parcerias principais.

QUANTO vai custar e quanto vai gerar de resultado?
Estrutura de custos.
Fontes de receita.

Esse modelo original pode ser adotado na elaboração de projetos de investimento ou de novos negócios, no sentido similar à proposta apresentada na obra *Business Model Generation* e na cartilha do Sebrae sobre o CANVAS. Além disso, o modelo pode ser utilizado em uma disciplina que adota a abordagem *Problem-based Learning*, ao permitir que os alunos identifiquem os aspectos relevantes do negócio que são descritos no caso apresentado, de modo a organizarem suas ideias e compreenderem de maneira mais ampla a problematização envolvida.

No entanto, podemos ampliar a perspectiva da "metodologia CANVAS", de forma a considerarmos seus aspectos quanto ao conceito de mapa, com caixas predeterminadas a serem preenchidas com autoadesivos. Isso nos permite flexibilizar seu desenho para ser aplicado para outros fins que vão além do que foi inicialmente proposto pelos autores, por exemplo, utilizá-lo como recurso pedagógico em disciplinas que adotem a abordagem PBL.

9.3. POSSÍVEIS BENEFÍCIOS PARA OS PROJETOS PBL

A partir do modelo original, adaptamos os blocos para refletir os aspectos mais relevantes para uma disciplina que adota o PBL em termos de contexto, problema e hipóteses.

O modelo denominado "PBL CANVAS em sala de aula" desenvolvido como recurso para este livro pode ser aplicado em uma disciplina que adota a abordagem do PBL na área de negócios (Figura 9.2). O "PBL CANVAS em sala de aula" foi implementado em uma disciplina que utiliza a metodologia baseada em problema em que os alunos identificam e enunciam o problema com base no contexto da empresa objeto de investigação, elaboram as hipóteses e as potenciais alternativas de solução e avaliam criticamente essa solução, que se enquadra em um modelo de PBL denominado *Project-based Learning*.

Esse mapa foi elaborado com o intuito de estabelecer os principais elementos a serem considerados pelos alunos em seus projetos em grupo. A indicação é para uma disciplina com carga horária que se estende ao longo de um semestre, que requer a participação ativa do aluno ao longo de todo o processo, desde o entendimento do contexto até a avaliação da solução, e cujo problema agrega alto nível de complexidade.

Pode-se perceber que o tema e o contexto da empresa compõem uma parte significativa da Figura 9.2. Isso não é coincidência, pois, segundo a abordagem PBL, o interesse do aluno em relação a temas e seu contexto deve ser o pano de fundo para o desenvolvimento dos elementos do CHA. As demais caixas são os problemas identificados pelo tema de interesse e contexto, pelas hipóteses que tratam dos elementos que causam ou potencializam o problema, pelas alternativas de solução propostas e pela avaliação crítica das soluções implementadas (ou poderíamos indicar percepções preliminares, *feedback* e/ou aprendizado).

Esse recurso pedagógico pode ser utilizado como forma de acompanhamento do desenvolvimento do projeto ao longo das seções tutoriais ou mesmo para o compartilhamento do trabalho com a classe.

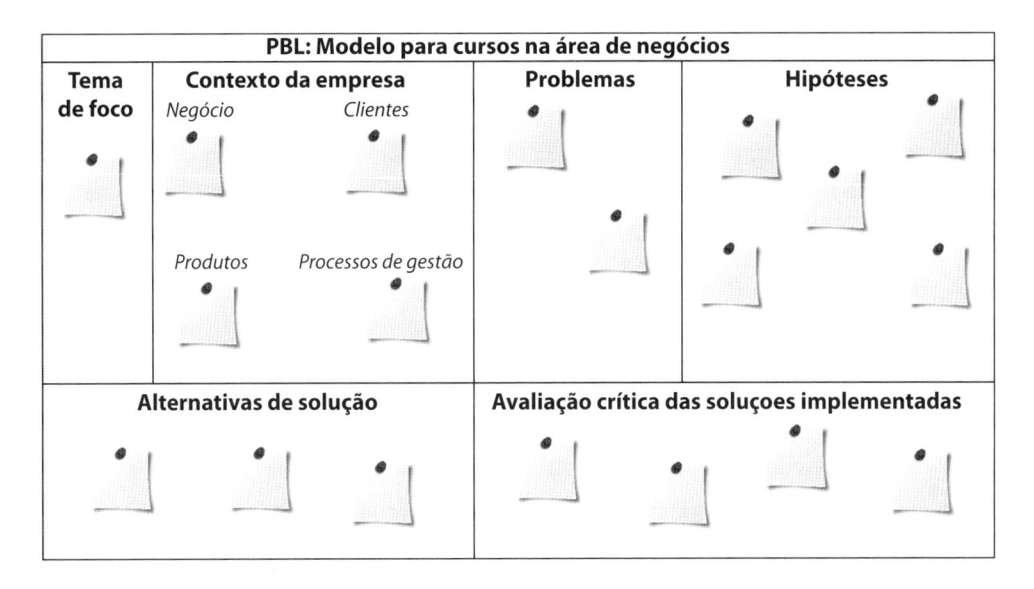

Figura 9.2. PBL CANVAS em sala de aula.

9.4. POSSÍVEIS BENEFÍCIOS PARA O DESENVOLVIMENTO DE UMA DISCIPLINA COM A ABORDAGEM PBL

São diversos os aspectos a serem considerados para a implementação da abordagem PBL em nível de uma disciplina, de um currículo ou institucional. Todas mudanças de paradigma requerem transposição de barreiras, pois pessoas (no caso, gestores, professores e alunos) normalmente são avessas à mudança. O entendimento da abordagem e o debate são fundamentais para que esse processo de implantação da abordagem PBL seja conduzido de forma eficaz em todos os níveis mencionados. Nesse sentido, ao pensar nessa mudança, poderia haver um incentivo dos gestores administrativos da universidade quanto a políticas institucionais e disponibilização de recursos. E, também, deveria perpassar pela iniciativa individual de cada docente no que diz respeito às suas práticas pedagógicas ou mesmo à iniciativa colegiada de um curso. O melhor dos mundos seria unir todos esses elementos. Mas, na prática, será que isso é tão simples assim? Com o intuito de incentivar a discussão sobre os elementos fundamentais para a adoção da abordagem PBL em uma disciplina, identificamos o modelo "The PBL CANVAS".

Esse modelo foi publicado pela equipe Conecta13 (http://conecta13.com/Canvas/) e é indicado para docentes que pretendem conceber uma disciplina com orientação pela abordagem do PBL. Além disso, o mapa é indicado para ser institucionalizado por coordenadores de instituições de ensino superior, pois representa, na visão dos proponentes, os principais elementos para o desenvolvimento de um curso que aplica a abordagem PBL. Sob a mesma perspectiva utilizada pela equipe Conecta13, de propor um recurso de apoio para o desenvolvimento de uma disciplina com a abordagem PBL, nós desenvolvemos um recurso para auxiliar docentes, e que adota a mesma estrutura conceitual apresentada no livro. Nesse sentido, cada um dos itens apresentados no PBL CANVAS (Figura 9.3) é tratado em um ou alguns dos capítulos que compõem o livro, sendo esses blocos apresentados a seguir.

Mecanismos institucionais e currículo (Capítulo 5):
→ Quais os mecanismos institucionais considerados em PPI, PDI, PPP.

Vínculo entre disciplina e currículo (Capítulos 4 e 5):
→ Competências que o curso deve desenvolver.

Tipo de PBL (Capítulo 3):
→ *One-day One problem.*
→ *Case-based learning*; ou
→ *Project-based learning.*

Recursos (Capítulos 5 e 6):
- Recursos físicos e de pessoal.
- Mecanismos pedagógicos.

Atividades e Produtos (Capítulo 5):
- Mecanismos pedagógicos.
- Relatórios.
- Desenvolvimento do tripé contexto-problema-hipóteses.

Agentes e grupos (Capítulo 7):
- Como agrupar os alunos
- Papéis dos alunos dentro dos grupos.
- Atribuição dos papéis.

Compartilhamento e aprendizado (Capítulos 5 e 8):
- Mecanismos pedagógicos de compartilhamento.

Avaliação (Capítulos 4 e 8):
- Avaliação das competências com base no CHA.
- Ferramentas de avaliação.

Todos esses aspectos foram tratados com profundidade ao longo deste livro. O modelo apresentado na Figura 9.3 é apenas um mapa visual que pode estimular a discussão e a reflexão do "modelo" de PBL a ser implementado em uma disciplina. Ou seja, consiste em uma ferramenta de apoio para o planejamento dos elementos-chave de uma disciplina que adote a abordagem PBL.

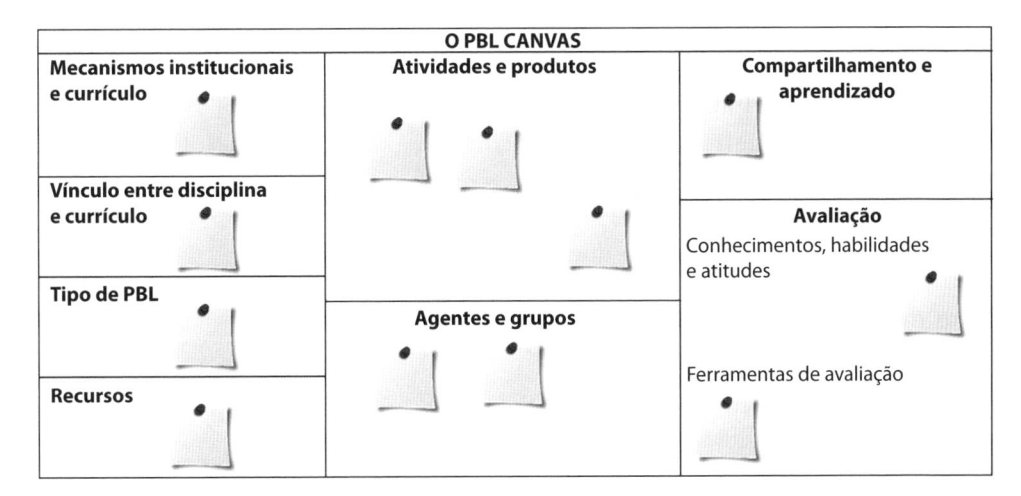

Figura 9.3 O PBL CANVAS.

9.5. COMO USAR

Cada um dos três modelos apresentados neste capítulo traz elementos distintos que visam atender a diversos objetivos pedagógicos. O modelo CANVAS original, da obra *Business Model Generation*, pode ser utilizado pelo aluno dentro da abordagem *One-day-one-Problem* ou *Case-based learning*, com o objetivo de caracterizar o contexto organizacional apresentado no problema. Nesse sentido, espera-se que os alunos se apoiem no CANVAS para discutir e compreender o contexto, de modo a facilitar o desenvolvimento da solução referente ao problema ou caso.

O modelo PBL CANVAS em sala de aula visa auxiliar o aluno na compreensão do alinhamento entre contexto, problema, hipóteses e solução, que pode ser utilizado em uma disciplina que adota a abordagem *Case-based learning* ou *Project-based learning*. A ferramenta pode ser implementada para o grupo discutir sobre esses elementos ou mesmo para compartilhar o projeto com a classe. Essa ferramenta pode auxiliar os alunos a refletirem sobre os elementos fundamentais do PBL, ou seja, sobre o alinhamento entre contexto, problema, hipóteses e solução. O mapa visual permite a amarração desses elementos.

Já o modelo "The PBL CANVAS" pode ser utilizado por coordenadores de curso em conjunto com docentes para o planejamento de uma disciplina com a abordagem PBL, ao tratar sobre os elementos-chave para a implementação dessa abordagem. Identificamos e relatamos o mapa CANVAS proposto pela equipe Conecta13 e, ao mesmo tempo, propomos uma ferramenta que pode ser utilizada para o planejamento de um curso que utiliza a abordagem PBL, a partir dos elementos discutidos no livro. Como se pode perceber, o olhar é para os grupos, as atividades e o desenvolvimento de competências (Conhecimentos, Habilidades e Atitudes).

De modo geral, todos os modelos têm a montagem semelhante, ao estimular o pensamento visual, a visão sistêmica, a cocriação, a simplicidade e a aplicabilidade. Na prática, para a montagem do CANVAS, são necessários recursos básicos de papelaria (*flipchart*, caneta, autoadesivos etc.), mas o mais importante é a capacidade de reflexão de quem está utilizando a ferramenta.

CAPÍTULO 10

ACTION RESEARCH

OBJETIVOS DO CAPÍTULO

- → Apresentar o *Action Research*
- → Explicitar as etapas do processo do *Action Research*
- → Demonstrar a aplicabilidade do *Action Research*
- → Identificar os papéis exercidos pelo aluno pesquisador no *Action Research*

QUESTÕES PROVOCATIVAS

1. Qual é o relacionamento entre pesquisa-ação e PBL?
2. Como a pesquisa-ação pode contribuir para uma disciplina ou curso que aplica a metodologia de ensino PBL?
3. O que devo saber sobre o *Action Research* antes de aplicá-lo?
4. Como operacionalizar o *Action Research* no PBL?

10.1. O QUE É E PARA QUE SERVE

O *Action Research* (traduzido para o português como "pesquisa-ação") é uma metodologia de pesquisa que visa tratar problemas identificados no campo prático das organizações. O conceito da pesquisa-ação foi introduzido por Kurt Lewin (1946), na década de 1940, para indicar uma abordagem de pesquisa social em que o pesquisador altera o sistema social, de modo a gerar conhecimento crítico por meio da intervenção (COUGHLAN; COUGLAN, 2002; SUSMAN; EVERED, 1978). Os trabalhos de Lewin surgem em um contexto social que enfrentava problemas com o fascismo, a pobreza, a questão das minorias, em que o autor demonstra preocupação pelo fato de a ciência não contribuir para a solução desses problemas sociais (SUSMAN; EVERED, 1978). Ela se insere dentro do grupo de abordagens intervencionistas que, ao mesmo tempo que conhece o ambiente, define ações, muda o mesmo e continua revendo seu potencial de mudança.

No campo da pesquisa na área de negócios, a pesquisa-ação tem como proposta reduzir o distanciamento entre a teoria e a prática. Além disso, visa ampliar a utilidade da pesquisa acadêmica, remodelando seu foco para problemas reais enfrentados no ambiente das organizações. Na pesquisa-ação, o pesquisador de posse das informações e da teoria, planeja e implementa intervenções, e posteriormente avalia seus efeitos, de modo a gerar aprendizado tanto para o campo prático quanto para o campo teórico (THIOLLENT, 2009).

Tal qual no campo educacional, a pesquisa-ação também tem sido explorada como uma metodologia de pesquisa que propicia aos docentes a oportunidade de enxergarem a sala de aula como "experimentos", visando o aprimoramento da prática educacional (PAISEY; PAISEY, 2005; TRIPP, 2005).

Paisey e Paisey (2005) apresentam um modelo de pesquisa-ação que pode ser praticado no ambiente educacional por docentes (Figuras 10.1 e 10.2), focado no desenvolvimento educacional. A primeira etapa consiste na definição do problema-objeto da investigação, que é definido com base no contexto. Na sequência, a coleta de dados visando avaliar o problema pode ser realizada por meio de observação, entrevistas e discussão. A partir disso, o planejamento da intervenção e a implementação da intervenção. A quarta etapa consiste no monitoramento e na avaliação da mudança. Por fim, a reflexão do docente em relação ao aprendizado gerado com a nova mudança no contexto de sala de aula.

> O Action Research *(traduzido para o português como "pesquisa-ação") é uma metodologia de pesquisa que visa tratar problemas identificados no campo prático das organizações.*

A abordagem PBL, em si, pode ser aplicada por docentes como uma intervenção no contexto da pesquisa-ação. O PBL estimula inúmeras oportunidades para os professores testarem novas tarefas, experimentarem discussões, implementarem formas de avaliação, pois permite um ambiente mais dinâmico e flexível. Nesse sentido, todas as possibilidades podem ser consideradas no radar dos docentes, e esses podem enxergar a classe como objeto de experimentação, visando ao aprimoramento das práticas educacionais. O processo da pesquisa-ação objetiva nortear essa "experimentação".

Passo 5 Revisar e refletir sobre as mudanças. E repetir o ciclo se necessário

Passo 1 Definir o problema e moldar as perguntas de pesquisa

O ciclo da pesquisa-ação

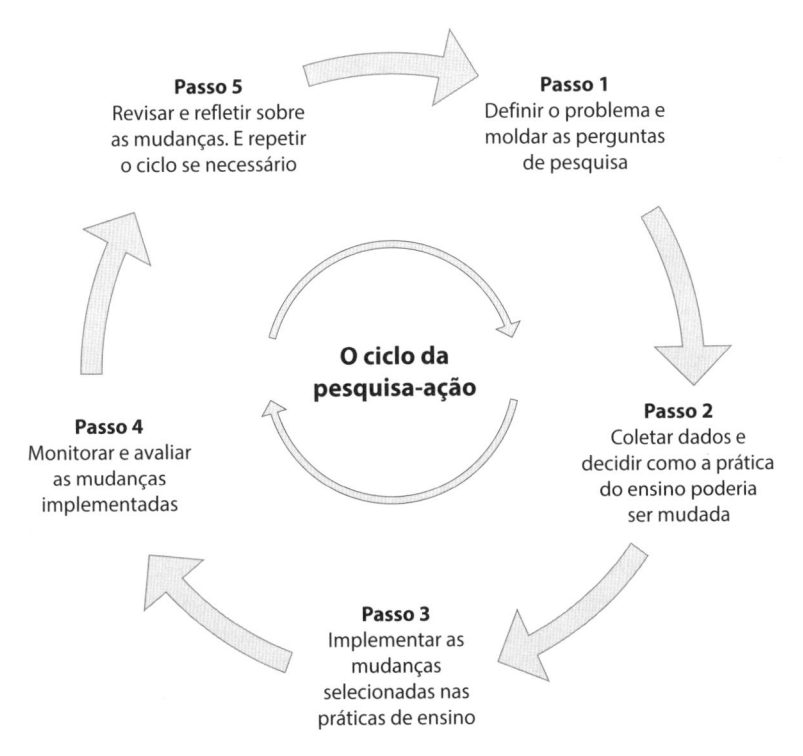

Passo 4 Monitorar e avaliar as mudanças implementadas

Passo 2 Coletar dados e decidir como a prática do ensino poderia ser mudada

Passo 3 Implementar as mudanças selecionadas nas práticas de ensino

Figura 10.1. O ciclo da pesquisa-ação aplicado no ensino.
Fonte: Traduzida de Paisey e Paisey (2005, p. 2).

10.2. ETAPAS DE DESENVOLVIMENTO

Outro ponto de conexão é o processo do *Action Research*, que consiste em etapas que podem ser utilizadas em diversas modalidades da abordagem PBL, seja orientado por diversos problemas, seja orientado por um problema único. A pesquisa-ação consiste em uma abordagem para solucionar problemas a partir de uma sequência de etapas de investigação (COUGHLAN; COGHLAN, 2002).

Nesse sentido, a metodologia da pesquisa-ação pode ser estendida e adaptada para a abordagem PBL. Segundo Coughlan e Coghlan (2002), as etapas do *Action Research* consistem em (Figura 10.2):

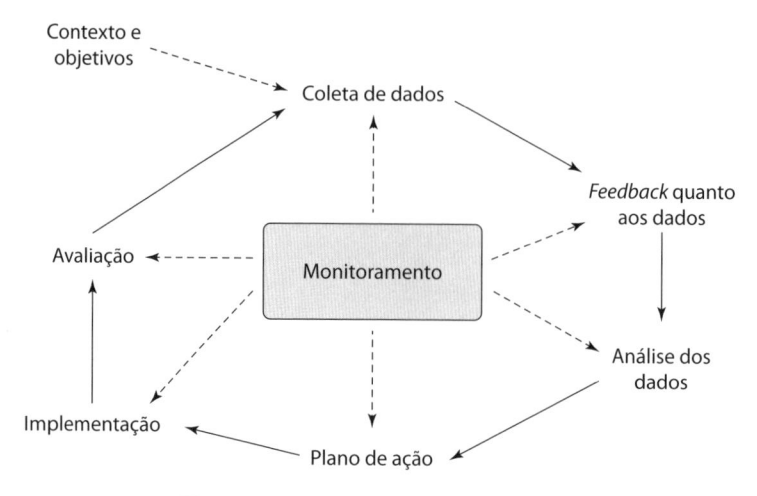

Figura 10.2. Etapas do *Action Research*.
Fonte: Traduzido de Coughlan e Coghlan (2002, p. 230).

Delimitação do contexto e dos objetivos: nessa etapa, são definidos o contexto e o objeto do estudo. Além disso, são elaborados e formatados o problema de investigação e as hipóteses que direcionam a coleta de dados. É importante destacar que as referências bibliográficas atuam como um arcabouço teórico que permite caracterizar o problema e as hipóteses.

Coleta de dados: nessa etapa, o pesquisador se utiliza de método de coleta de dados usualmente empregado em pesquisas acadêmicas, como observação, entrevista, questionários e uso de materiais impressos ou digitais que possam subsidiar a compreensão dos elementos contexto, problema e hipóteses. Os dados obtidos podem ser utilizados em modelos quantitativos ou mesmo para interpretação. Essas evidências permitem ao pesquisador entender o ambiente organizacional e modelar de maneira mais assertiva o problema e as hipóteses.

Feedback **quanto aos dados:** essa etapa pode ser considerada uma etapa de transição dentro do processo de pesquisa-ação, com o objetivo de garantir que os dados coletados sejam suficientes para o desenvolvimento da etapa de análise.

Análise dos dados: nessa etapa, o pesquisador desenvolve a análise dos dados para o diagnóstico da situação objeto da pesquisa. Na pesquisa-ação, a análise dos dados é normalmente colaborativa entre pesquisador e organização. Esse alinhamento é importante para garantir que as análises sejam adequadas ao contexto e que o processo de pesquisa-ação seja legitimado na organização.

Plano de ação: nessa etapa, o pesquisador estabelece os estágios para a intervenção na empresa, considerando desde o escopo da intervenção e as resistências que pode haver no ambiente organizacional. Nesse sentido, normalmente se busca responder às seguintes questões:

- → O que precisa mudar ou ser mudado?
- → Em que parte da organização deve ser mudado?
- → Que tipos de mudanças são necessárias?
- → Quem suporta/apoia essas mudanças?
- → Quem não aceita essas mudanças?
- → Que tipo de resistências devem surgir?
- → Qual é o comprometimento para a mudança?

Implementação ou intervenção: essa etapa consiste na própria intervenção em si em que o membro da organização, denominado cliente, executa as ações que foram planejadas em conjunto com o pesquisador. Nessa etapa, apesar de todo o planejamento, podem ocorrer diversas reações por parte dos gestores em relação à intervenção.

Avaliação da intervenção: uma vez realizada a intervenção, é exigida a avaliação desta, quanto a resultados, consolidação da experiência e seu direcionamento ao problema. Nessa etapa, há a avaliação se o problema foi solucionado, minorado ou ampliado. Caso seja preciso, deve-se discutir a necessidade de outra intervenção.

Monitoramento: essa etapa consiste no *feedback* em relação a todas etapas e ciclos da pesquisa-ação.

Embora haja variações nas diferentes etapas para a pesquisa-ação, em essência há grande similaridade em relação às etapas de diagnóstico, planejamento da intervenção, intervenção, avaliação e aprendizado, conforme explorado por Coughlan e Coghlan (2002).

10.3. PAPÉIS EXERCIDOS PELO PESQUISADOR/ALUNO

Além disso, outra contribuição do *Action Research* para o PBL consiste nos papéis exercidos pelo pesquisador na investigação. No PBL, espera-se que os alunos tenham atitude proativa e desenvolvam um papel semelhante ao de um pesquisador. Na perspectiva do PBL, o aluno deve buscar o conhecimento, realizar suas reflexões, implementar discussões e soluções, e gerar aprendizado para si e para o campo.

> *Tanto a pesquisa-ação quanto a abordagem PBL compartilham do entendimento de que o contexto prático deve estimular o processo de investigação.*

Schein (1995) categoriza o papel do pesquisador como questionador em quatro tipos, que produzem desde um pequeno até um grande impacto nos indivíduos do contexto investigado ("cliente"), que consiste normalmente em um gestor ou grupo de gestores dentro de uma organização:

- → **Puro:** o pesquisador faz o diagnóstico do contexto e do ambiente, para que possa propor um problema. Busca responder à seguinte pergunta: O que está acontecendo?
- → **Diagnóstico:** o pesquisador vai além de compreender o fenômeno e busca diagnosticar a causa e as consequências do fenômeno. Busca responder às seguintes perguntas: Por que isso aconteceu? Por que você fez isso? Como você se sentiu?
- → **Baseado na ação:** com o diagnóstico do problema, o pesquisador procura entender quais as ações foram planejadas e implementadas a respeito do fenômeno estudado. Busca responder às seguintes perguntas: O que você fez? O que você vai fazer sobre isso?
- → **Confrontativo:** o pesquisador indaga os indivíduos do contexto investigado em relação ao fenômeno e às percepções, suas causas e consequências para o ambiente organizacional. Busca responder às seguintes perguntas: Você considerou que isso ocorreu por esse motivo? Poderia ser porque você [...]?

No PBL, o aluno pode desempenhar todos esses papéis em diferentes momentos de sua interação com o ambiente organizacional. Em suma, ao exercer esses papéis, os alunos, em curso de PBL, são capazes de entender o contexto organizacional, o problema, as suas possíveis causas (hipóteses), bem como desenhar preliminarmente as potenciais soluções.

10.4. COMO USAR

O *Action Research* é uma metodologia de pesquisa cujos fundamentos podem ser transportados e utilizados na abordagem PBL. Tanto a pesquisa-ação quanto a abordagem PBL compartilham do entendimento de que o contexto prático deve estimular o processo de investigação. Nesse sentido, o *Action Research* vai ao encontro com os objetivos da metodologia de ensino PBL, pois ambos se orientam pelo problema prático para identificar e, em certos casos, implantar e avaliar intervenções nas organizações. Além disso, enquanto o *Action Research* exige uma abordagem ativa por parte do pesquisador, o PBL demanda uma atuação ativa do aluno, ambos orientados pelo contexto e problema enfrentado na prática pelo contexto social, e, para a área de negócios, pelas organizações.

Em suma, o uso do *Action Research* na abordagem PBL refere-se ao apoio do ponto de vista metodológico, ao tratar das etapas que o pesquisador/investigador deve seguir para caracterizar um contexto, um problema, até desenvolver a respectiva solução. No caso do PBL, o papel de "pesquisador" recai sobre cada aluno dentro dos grupos.

CAPÍTULO 11

EXEMPLOS DE CASOS VIVENCIADOS

OBJETIVOS DO CAPÍTULO

→ Apresentar um exemplo prático
→ Resultados de aplicação
→ Orientar o leitor na aplicação prática do PBL

QUESTÕES PROVOCATIVAS

1. Como aplicar o PBL em um contexto tradicional?
2. Como aplicar o PBL em uma IES em que PDI, PPI e PPP não estão alinhados com o PBL?
3. Como trabalhar a inter, trans e multidisciplinaridade por meio do PBL?

11.1. CURSO DE GRADUAÇÃO EM ENGENHARIA COM OBJETIVO DE INTEGRAR CONHECIMENTOS

A seguir, apresenta-se um estudo de caso envolvendo o curso de Engenharia Civil de uma Instituição de Ensino Superior (IES) particular, localizada na região Sul do Brasil. Salienta-se que a pesquisa de campo foi desenvolvida por meio da pesquisa--ação, durante o ano letivo de 2013, envolvendo duas turmas da disciplina Síntese e Integração dos Conhecimentos (SIC), que integra o quarto ano da grade curricular do referido curso de Engenharia Civil.

Destaca-se que a amostra é composta por 38 alunos regularmente matriculados na disciplina à época, em duas turmas (matutina e noturna). Informa-se ainda que essas são as duas primeiras turmas a cursarem esta disciplina (SIC), pois o curso estava em fase de implantação, formando sua primeira turma em 2014.

Observa-se que não foi possível implantar uma matriz curricular completa em PBL para o respectivo curso de Engenharia Civil, em função do não alinhamento entre Plano de Desenvolvimento Institucional (PDI), do Projeto Pedagógico Institucional (PPI) e do Projeto Político Pedagógico (PPP) dos demais cursos ofertados pela IES. Contudo, foi aprovada, pelo conselho universitário da referida IES, a implantação parcial do PBL na grade curricular, envolvendo a disciplina SIC, concebida por meio da abordagem PBL, tendo em vista que seus objetivos educacionais são: desenvolver atividades de projetos envolvendo inter, trans e multidisciplinaridade entre as disciplinas já cursadas pelos discentes em anos anteriores, bem como aquelas do mesmo período letivo; e atividades envolvendo estudos de casos reais que exigem, dos discentes, trabalho em equipe, análise crítica, pesquisa autônoma e independente e tomada de decisão.

Para realização do estudo, utilizaram-se os as diretrizes da pesquisa-ação no que tange: detecção do problema; elaboração do plano (planos de aulas referentes a 72 horas-aulas que compuseram a disciplina em 36 semanas letivas); implementação (do plano em fevereiro de 2013); e *Feedback* (ocorrido na maioria dos encontros semanais).

Como problema-chave, foi proposto o projeto completo (envolvendo as diversas áreas de conhecimento técnico) e integrado para a execução de uma obra residencial de dois pavimentos. Para facilitar a abordagem, dividiu-se nas etapas a seguir, durante o ano letivo. No primeiro bimestre (25% da carga horária), os discentes participaram de aulas expositivas, nas quais o docente da disciplina trabalhou os conceitos sobre a integração dos diversos tipos de projetos e a relevância destes conceitos na execução das obras. Dando continuidade, iniciou-se o desenvolvimento dos projetos (75% da carga horária da disciplina – segundo, terceiro e quarto bimestres), momento este em que os alunos receberam as informações iniciais, tais como: um terreno em que os discentes deveriam identificar em razão de sua localização na malha urbana municipal, as condições legais para a aprovação do futuro projeto por parte do poder público, as condições topográficas (planimetria e altimetria) e as imposições referentes ao programa de necessidade do cliente (cenário este simulado e fornecido pelo professor da disciplina).

Nessa etapa, não há mais aulas expositivas, pois os alunos buscaram por si próprios informações adicionais por meio de estudos individuais, pesquisas bibliográficas e consultas a especialistas e aos órgãos governamentais, além das orientações do professor responsável durante as aulas. No fim dessa etapa, cada discente apresentou um projeto arquitetônico que atendesse às exigências estipuladas pelo docente (problema proposto). Ato contínuo, os discentes se agruparam livremente em equipes de, no máximo, quatro integrantes, e elegeu-se um projeto para cada grupo (o melhor projeto arquitetônico de cada quatro alunos – momento com certa tensão entre os participantes). A partir dessa etapa, a aprendizagem caminha em pequenos grupos e sob a orientação do professor que assume a função de facilitador.

> *Os alunos buscaram por si próprios informações adicionais por meio de estudos individuais, pesquisas bibliográficas e consultas a especialistas e aos órgãos governamentais.*

Após essa escolha, em que o melhor de cada quatro projetos arquitetônicos teve seu desenvolvimento continuado, por meio da elaboração dos demais projetos e estudos de viabilidades, deu-se início aos trabalhos para elaborar os projetos complementares: projeto de estrutura de concreto armado; projeto de estrutura de cobertura em estrutura de madeira e telhas cerâmicas; projeto de instalações hidrossanitárias; projeto de instalações elétricas, telefônica, lógica e alarmes; e projeto de fundações.

Salienta-se que, ao terminar cada modalidade de projeto, por vezes houve a necessidade de retomar o projeto anterior (já entregue e avaliado no bimestre anterior), pois descobriu-se que para a integração completa e facilidade de execução na futura obra o mesmo deveria ser alterado, o que naturalmente foi permitido e incentivado pelo docente. Aqui está a verdadeira riqueza do método, pois os discentes perceberam na maioria das vezes que havia incompatibilidades entre os projetos e, se propuseram a alterá-los para torná-los exequíveis.

Após todas as discussões sobre as integrações das diversas modalidades de projetos para a pefeita execução da obra, os discentes elaboram um orçamento total da obra e um cronograma físico-financeiro para execução desta. Ao término da disciplina, chegou-se a um conjunto de projetos desenvolvidos e integrados, já com as alterações pertinentes para o bom desempenho profissional. Este resultado foi, então, fruto de uma solução amplamente discutida entre os membros integrantes do grupo de trabalho e entre a equipe e o professor facilitador da disciplina, como mostra o Quadro 11.1.

Quadro 11.1 Inter-relação entre a disciplina SIC e as demais do curso de Engenharia Civil

FASES DE RESOLUÇÃO DO PROBLEMA	ELEMENTOS DO PRODUTO	DISCIPLINA QUE CONTEMPLA O CONTEÚDO TEÓRICO--PRÁTICO	PERÍODO NO DECORRER DO CURSO DE ENGENHARIA CIVIL	DISCIPLINA SIC
1ª Fase – Maio/junho 2013 Individual	Projeto arquitetônico	Teoria e Projeto de Arquitetura	3º ano	
		Topografia e Geoprocessamento	1º ano	
		Geometria Descritiva e Desenho Técnico	1º ano	
2ª Fase – Julho/setembro 2013 Trabalho em grupos	Projeto de instalações hidrossanitárias	Instalações Hidrossanitárias Prediais	4º ano	É a disciplina que contempla o projeto de integração entre as diversas esferas apontadas pelo curso de Engenharia Civil.
	Projeto de instalações elétricas, telefônica, lógica e alarmes	Instalações Elétricas e Equipamentos	3º ano	
	Projeto de estrutura de cobertura	Teoria e Projeto de Estruturas em Madeira	4º ano	
3ª Fase – Outubro/novembro 2013 Trabalho em grupos	Projeto de estrutura de concreto armado	Teoria e Projeto de Estruturas em Concreto Armado	4º ano	
	Projeto de fundações	Fundações e Obras de Terra	3º ano	
	Orçamento e cronograma físico-financeiro	Gerenciamento e Execução de Obras I	4º ano	

Fonte: Lopes e Martins (2017).

Explicitando, cada grupo de alunos resolveu todos os projetos complementares para uma única obra, isto é, foi necessário, além de desenvolver cada um dos projetos na disciplina SIC, com auxílio das disciplinas Teoria e Projeto de Estruturas em Concreto Armado, Teoria e Projeto de Instalações Hidrossanitárias, Teoria e Projeto de Estruturas em Madeira e Gerenciamento de Obras na Construção Civil I (todas do 4º ano letivo – Quadro 11.1), que os alunos integrassem todos esses projetos, resolvendo conflitos, problemas futuros na execução da obra e o planejamento e o custo da/para execução da obra. Salienta-se que isso não é uma prática comum nas IES, tampouco no mercado, haja vista a quantidade de obras que apresentam problemas técnicos de execução, de prazos e de orçamentos (principalmente as obras públicas que tornaram rotineiro o termo aditivo). Embora seja uma prática comum nos países desenvolvidos, nos países em desenvolvimento esta realidade ainda é precária.

Com a finalidade de se obter o retorno dos discentes, utilizou-se um instrumento avaliativo aplicado no último encontro com as turmas, que contemplou a autoavaliação, a avaliação pelos pares e a avaliação da disciplina. O instrumento tornou possível captar a percepção dos discentes em relação às competências desenvolvidas no decorrer da disciplina SIC, que estão descritas no gráfico da Figura 11.1 a seguir.

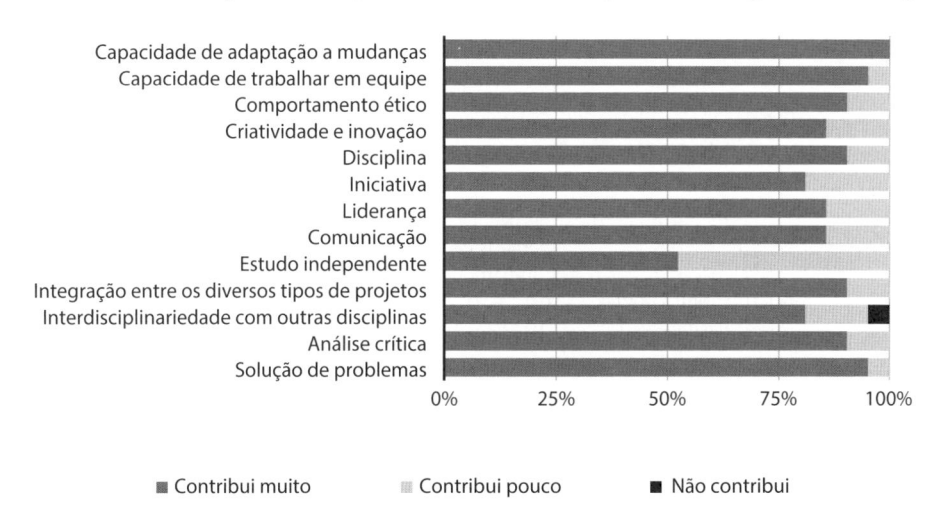

Figura 11.1. Autoavaliação das competências desenvolvidas na disciplina SIC.
Fonte: Lopes e Martins (2017).

Naturalmente, a opinião dos discentes é importante nesse método de aprendizagem, e diga-se de passagem que o docente deve estar preparado para receber críticas sem utilizar sua autoridade de professor, tampouco imprimir retaliações em termos de notas aos discentes, pois apenas esta liberdade poderá gerar o ajuste e a correção do método a cada ano, visando à melhoria na aprendizagem. Posto isso, observam-se na Tabela 11.1 a seguir as notas atribuídas pelos discentes referentes à avaliação da disciplina, atribuídas de 0 (zero) a 10 (dez), sendo zero a nota de menor concordância e dez a de maior concordância. Ressalta-se que houve excelente aceitação pelos discentes, uma vez que a média geral de aceitação envolvendo todos os itens foi de 9,2. Deve-se, porém, estar sempre preparado para ajustes e melhorias em função das críticas.

Tabela 11.1. Média atribuída pelos alunos aos aspectos metodológicos da disciplina

AULAS EXPOSITIVAS	TRABALHO EM GRUPO	PAPEL DO PROFESSOR	ASSESSORIA	RECURSOS ELETRÔNICOS	RECURSOS DA BIBLIOTECA	PROJETOS INTEGRADOS	PROCESSO AVALIATIVO	MÉDIA DOS ITENS
8,4	9,5	9,6	9,6	8,8	8,0	9,7	9,9	9,2

Fonte: Lopes e Martins (2017).

Os resultados obtidos evidenciaram que, ao se utilizar o PBL, foi possível: afastar-se da metodologia de ensino tradicional que permeia a maioria dos cursos de Engenharia Civil do Brasil, melhorar o nível de ensino e de aprendizagem, desenvolver a capacidade de trabalhar em equipe, e ampliar a percepção de que os projetos podem melhorar de qualidade. Destaca-se que essa foi a primeira turma de formandos, no presente curso de Engenharia, e que esta obteve nota máxima no Exame Nacional de Desempenho dos Estudantes (Enade) em 2014, resultado este que também foi alcançado em 2017 pelas turmas consecutivas, consolidando-se um dos melhores cursos de Engenharia Civil da região norte do Paraná, de acordo com o Ministério da Educação (MEC).

Para melhor compreensão desse caso prático, sugere-se a leitura complementar do artigo "*PBL: uma solução para integração e gerenciamento dos diversos tipos de projetos na engenharia civil*", de Lopes e Martins (2017).

11.2. CURSO DE GRADUAÇÃO EM CIÊNCIAS CONTÁBEIS COM OBJETIVO DE INTEGRAR CONHECIMENTOS

A disciplina Soluções e Problemas em Controle Gerencial, oferecida na Faculdade de Economia, Administração e Contabilidade da Universidade de São Paulo (FEAUSP) desde 2011, utiliza-se da abordagem PBL, especificamente o *Project-based Learning*, cujos problemas assumem maior complexidade e demandam um nível de discussão com maior profundidade. Nesse modelo, o problema pode se estender durante toda a carga horária da disciplina e é discutido dentro do grupo por todo o curso. Essa disciplina é semestral e optativa com abordagem do PBL ofertada uma vez por ano. Contempla especialmente alunos do último que possuem vivencias no mercado de trabalho. A disciplina tem por objetivo identificar, analisar e propor soluções para problemas emergentes das empresas brasileiras, no que se refere ao campo do controle gerencial.

Nessa disciplina, o docente apresenta subtemas dentro da perspectiva do Controle Gerencial e cabe aos alunos a escolha do "bom problema". Conforme evidenciado no Quadro 2.4 para cada subtema, foram especificados alguns problemas encontrados em qualquer organização e algum referencial básico é fornecido para que os alunos possam identificar conceitos relevantes para tratar os problemas. À medida que os grupos de alunos escolhem qual problema irão trabalhar em uma organização que faz parte do cotidiano profissional de pelo menos um dos integrantes da equipe, a pesquisa bibliográfica faz parte do trabalho dos alunos cujo objetivo é aprofundar os conhecimentos e identificar alternativas de solução. Os alunos assumem grande quantidade de trabalho ao se envolverem na elaboração da resolução dos problemas, que exige a integração de conteúdos estudados nos anos anteriores no decorrer do curso, ou seja, realizam o levantamento de qual conhecimento prévio possuem que estejam atrelados aos problemas de modo a apresentar aos demais integrantes da equipe os conhecimentos interdisciplinares necessários que possuem e que possam ser aplicados na solução do presente problema.

A disciplina contempla em média 30 integrantes, ou seja, mais de 200 alunos já a cursaram no período de 2011 a 2018. A disciplina contém, atualmente, 64 horas-aula, ou seja, 16 encontros com os estudantes e utilizou diversos mecanismos que são fundamentais à sua operacionalização, os quais estão detalhados no item 5.6: aulas híbridas (expositivas e trabalho em equipe); sessões tutoriais; socializações dos resultados; filmes; instrumentos avaliativos, estrutura de reuniões, materiais de leitura, atas, instrumentos avaliativos e apresentação por meio de filmes.

É possível entender como o CHA ocorreu nesta disciplina por meio do Quadro 4.3, ou seja, como foi introduzido no decorrer das aulas e em qual proporção. Além disso, é uma disciplina que aplica o PBL sendo avaliada por meio de uma perspectiva moldada na abordagem tradicional, visto que a avaliação deve respeitar as diretrizes institucionais que, via de regra, baseiam-se em estratégias de ensino tradicionais. O Quadro 8.3 evidencia como cada componente do CHA integra o processo avaliativo na abordagem do PBL e por mais que tais elementos sejam distintos, eles possuem uma atuação sinérgica permitindo avaliar o verdadeiro desempenho do estudante. Outro item que ganha bastante destaque na abordagem do PBL é o *feedback* que o tutor gera aos alunos em relação à evolução do aprendizado durante o curso. O aluno recebe o *feedback* individual e/ou do grupo, os quais ocorrem em vários momentos na disciplina e não apenas no final do semestre no processo tradicional. Em vários momentos do curso, os grupos interagem entre si, por exemplo, ao dar a possibilidade para os alunos apresentarem seus projetos à classe de modo a incentivar o feedback entre eles. Conforme discutido no item 8.4, a estruturação do processo de avaliação no PBL permite um sistema de ensino e de aprendizagem contínuo, em que a qualidade do feedback melhora ao envolver diferentes instrumentos de avaliação e diferentes avaliadores (professor, aluno e colegas).

A estruturação da disciplina contempla: os alunos identificando problemas no cotidiano profissional; discussão do problema que tenha integração aos subtemas de controle gerencial; utilizam seus próprios conhecimentos e experiências na busca de respostas para o problema abordado; elaboram hipóteses que podem explicar as causas do problema; apontam possíveis soluções ao problema; elaboram relatórios e um filme para divulgar suas reflexões teóricas, as análises do problema estudado de modo a socializar as soluções encontradas e os resultados do projeto que foi desenvolvido no decorrer da disciplina.

Os docentes atuaram como facilitadores e tutores dos diversos grupos, de modo que a intervenção ocorreu no direcionamento do processo de solução dos problemas, esclarecendo conceitos equivocados, sintetizando o conhecimento construído, na busca por alavancar os grupos deficitários ao estágio em que a maioria dos grupos se encontrava. O professor assume os papéis de professor responsável e de tutor, tendo como principais trabalhos: transformar o problema em um bom problema, a fim de que este atenda aos objetivos de aprendizagem; e participar da troca de experiências com os alunos, de modo a auxiliá-los na elaboração das soluções com suas ponderações e/ou sugestões de melhorias nas soluções apresentadas.

Os grupos atuam com os mesmos integrantes durante todo o processo, o que acarreta uma aproximação do aluno com apenas um dos papéis. Os grupos são formados por quatro ou cinco alunos, sendo normalmente um integrante que realiza a ponte entre a organização e o grupo de trabalho. Esse aluno assume, durante todo o processo, o papel de Coordenador, cujo objetivo é garantir que a discussão do problema transcorra de maneira metódica e que todos os membros do grupo participem do processo de solução do problema. Outro integrante do grupo assume a posição de Secretário e fica responsável por registrar nas atas todos os acontecimentos que envolvam as atividades e as ocorrências verificadas. Porém, todos os integrantes têm a responsabilidade de participar no processo de desenvolvimento do problema e de sua solução, expressando suas ideias, identificando hipóteses relacionadas com o problema e ou o contexto em que o problema é analisado, pesquisando e elaborando os trabalhos solicitados pelos tutores.

Na abordagem do PBL utilizada nesta disciplina, os alunos possuem maior flexibilidade para buscar conhecimentos e discutir o problema. Nesse sentido, é importante que o docente direcione o processo de ensino-aprendizagem, planeje o cronograma do curso e especifique os momentos em que deverá haver entregas de versões parciais, finais ou mesmo as pautas de reuniões dos grupos, para que as atividades programadas atendam à limitação de carga horária existente na disciplina.

Para melhor compreensão desse caso prático, sugere-se a leitura complementar do artigo "Análise do desempenho de alunos na perspectiva do CHA em disciplina utilizando PBL: o que significa a síntese?", de Frezatti et al. (2016), e do livro *Problem-Based Learning – PBL no ensino de contabilidade: guia orientativo para professores e estudantes da nova geração*, de Martins e Espejo (2015).

11.3. CURSO DE MBA EM CONTROLADORIA E PROJETOS INTERNOS EM EMPRESAS

A abordagem proposta para cursos de pós-graduação e cursos corporativos leva em conta:

1. Os casos devem ser estruturados e analisados com base no formulário "Roteiro de Solução", que será apresentado a seguir. Cada tema tem um roteiro diferente a ser seguido em termos de particularidade, mas é igual em termos de modelo geral e formatação.
2. A estruturação dos grupos deve considerar a pluralidade multidisciplinar de cada projeto. Do mesmo modo, o número de participantes deve ser adequado aos objetivos. Isso deve ser resolvido pelo coordenador do curso ou da disciplina em dada empresa escolhida pelo grupo.
3. Uma vez analisada a empresa: verificar se existe o quesito que se pretende analisar, se está disponível para entrevistas e se está aberta a receber *feedback*.
4. Quanto aos conteúdos do Roteiro de Solução, deve ser comentado:

Frase colhida no corredor: "Trata-se apenas de um meio de chamar a atenção para algo considerado relevante."

Identificação da empresa pesquisada: é importante que se entenda que empresa foi escolhida. Caso seja possível dizer o nome é ótimo. Se não for possível, tudo bem. As informações necessárias são: setor, porte, tempo de existência, estrutura organizacional da empresa, principais produtos: (organograma simplificado da empresa); outros aspectos relevantes para identificação do negócio, tais como número de funcionários, controle acionário e faturamento/ano.

Personagens a entrevistar: dependendo do porte, diferentes níveis são possíveis, a saber:

1. Presidente, superintendente ou gerente geral.
2. *Controller* ou diretor financeiro.
3. Diretores: de marketing, operações, TI e RH.
4. Um gerente de cada área.

Perguntas relevantes para coletar informações: devem orientar a equipe no sentido de encontrar um problema a ser tratado. Pode surgir da entrevista como sugestão do entrevistado ou como percepção dos entrevistadores. Foram identificadas perguntas específicas para cada tema, e a literatura deve ser consultada.

Escolha de um problema: deve ser escolhido um problema a ser tratado pela equipe.

Hipóteses das causas do problema: pontos que você considera relevantes para entender e discutir o tema, identificados nas entrevistas e que podem ajudar a resolver o problema.

Elementos conceituais necessários para tratar o tema: foi incluída em cada tema uma leitura mínima, que deve ser expandida pela equipe. O que você precisa saber, sobre conceitos, para tratar o tema. Isso deve estar claro no material escrito a ser entregue.

Análise das hipóteses e proposta de solução: levando em conta uma abordagem que integre os elementos anteriores.

Recomendações: o que você faria para resolver o problema.

ROTEIRO DE SOLUÇÃO

Caso 1. Relacionamento entre orçamento e instrumento estratégico da organização

Frase coletada no corredor: "O orçamento não tem nada a ver com o planejamento estratégico da empresa. São duas coisas totalmente diferentes, que não conversam entre si."

Identificação da empresa pesquisada

Estrutura organizacional da empresa de quem responde por esse elemento: (organograma simplificado da empresa)
Outros aspectos relevantes para identificação do negócio

Personagens a entrevistar

1. Presidente, superintendente ou gerente geral
2. Controller ou diretor financeiro
3. Diretores: de marketing, operações, TI e RH
4. Um gerente de cada área

Perguntas relevantes para coletar informações

1. O planejamento estratégico deveria ser o orientador do orçamento? Até que ponto?
2. Os artefatos existem na empresa (planejamento estratégico, orçamento, BSC e controle orçamentário)?
3. Por que os dois artefatos (planejamento estratégico e orçamento) podem não ser congruentes?

4. O que se ganha e o que se perde com a ausência de congruência?

5. Quem está envolvido na elaboração e aprovação do planejamento?

Escolha de um problema
(Identificado a partir das perguntas realizadas com gestores.)

Pontos de análise identificados (possíveis causas do problema)
(De 1 a 7 pontos que você considera relevantes para discutir o tema, identificados nas entrevistas.)

Elementos conceituais necessários para tratar o tema
(O que você precisa saber, sobre conceitos, para tratar o tema.)

Análise das hipóteses e proposta de solução
(Levando em conta uma abordagem que integre os elementos anteriores.)

Recomendações
(O que você faria para resolver o problema; se houver problema...)

11.4. PROJETOS INTERNOS EM EMPRESAS

A estruturação é análoga àquela utilizada nos MBAs, com a diferença de que as questões podem ser mais detalhadas.

REFERÊNCIAS

ANDERSON, L.W.; KRATHWOHL, D. R. *Taxonomy for learning, teaching, and assessing:* a revision of bloom's taxonomy of educational. New York: Addison Wesley, 2000.

ARAÚJO, U. F.; ARANTES, V. A. *Comunidade, conhecimento e resolução de problemas*: o projeto acadêmico da USP Leste. In: ARAÚJO, U. F.; SASTRE, G. (Orgs.). Aprendizagem baseada em problemas no ensino superior. São Paulo: Summus, p. 101-122, 2009.

BARROWS, H. S. A taxonomy of problem-based learning methods. *Medical education*, 20(6), 481-486, 1986.

BARROWS, H. S. Problem-based learning in medicine and beyond: A brief overview. *New directions for teaching and learning*, 1996(68), 3-12.

BLOOM, B. et al. *Taxonomia de objetivos educacionais*: domínio cognitivo. São Paulo: Pioneira, 1983.

BLOOM, B. S.; ENGELHART, M. D.; FURST, E. J.; HILL, W. H.; KRATHWOHL, D. R. *Taxonomia de objetivos educacionais*: domínio cognitivo. Porto Alegre: Globo, 1979.

BOOTH, C. W.; COLOMB, G. G.; WILLIAMS, J. M. *A arte da pesquisa*. Tradução: Henrique A. Rego Monteiro. São Paulo: Martins Fontes, 2000.

BOWDITCH, J. L.; BUONO, A. F. *Elementos de comportamento organizacional*. São Paulo: Pioneira. 1992.

BRANDÃO, C. R.; ALESSANDRINI, C. D.; LIMA, E. P. *Criatividade e novas metodologias*. São Paulo: Peirópolis, 1998.

REFERÊNCIAS

BRANDÃO, H. P. *Aprendizagem, contexto, competência e desempenho*: um estudo multinível. Tese (Doutorado em Psicologia Social, do Trabalho e das Organizações)– Universidade de Brasília, Brasília-DF, 2009.

BRASIL. *Lei nº 9.394*, de 20 de dezembro de 1996. Estabelece as diretrizes e bases da educação nacional. Disponível em: <http://www.planalto.gov.br/ccivil_03/Leis/l9394.htm>. Acesso em: 14 mar. 2013.

BRASIL. Ministério da Educação. *Resolução CNE/CES 11*, de 11 de março de 2002. Institui diretrizes curriculares nacionais para o curso de graduação em Engenharia Contábeis. Disponível em: <http://portal.mec.gov.br/cne/arquivos/pdf/CES112002.pdf>. Acesso em: 10 jun. 2018.

BRUNDIERS, K.; WIEK, A.; REDMAN, C. L. Real-world learning opportunities in sustainability: from classroom into the real world, *International Journal of Sustainability in Higher Education*, 11(4), 308-324, 2010.

CERQUEIRA, R. J.; GUIMARÃES, L. M.; NORONHA, J. L. Proposta de aplicação da metodologia PBL (aprendizagem baseada em problemas) em disciplina do curso de graduação em Engenharia de Produção da Universidade Federal de Itajubá (Unifei). *International Journal on Active Learning*, 1(1), 35-55, 2016.

COOMBS, G.; ELDEN, M. Introduction to the special issue: Problem-based learning as social inquiry– PBL and management education. *Journal of Management Education*, 28(5), 523-535, 2004.

COUGHLAN, P.; COGHLAN, D. Action research for operations management. *International journal of operations & production management*, 22(2), 220-240, 2002.

DEELMAN, A.; HOEBERIGS, B. A ABP no contexto da Universidade de Maastricht. In: ARAÚJO, U. F.; SASTRE, G. (Org.). *Aprendizagem baseada em problemas no ensino superior*. São Paulo: Summus, p. 79-100, 2009.

DE KETELE, J. M. Caminhos para a avaliação de competências. *Revista Portuguesa de Pedagogia*, 40(3), 135-147, 2006.

DESAULNIERS, J. B. R. Formação, competência e cidadania. Educação & Sociedade, 18(6), 51-63, 1997.

DUCH, B. J. Writing problems for deeper understanding. In: DUCH, B. J.; GROH, S. E.; ALLEN, D. E. *The power of problem-based learning*: a practical "how to" for teaching undergraduate courses in any discipline. Virginia: Stylus Publishing, p. 47-53, 2001.

DUCH, B. J.; GROH, S. E.; ALLEN, D. E. Why problem-based learning? A case study of institutional change in undergraduate education. In: DUCH, B. J.; GROH, S. E.; ALLEN, D. E. *The power of problem-based learning*: a practical "how to" for teaching undergraduate courses in any discipline. Virginia: Stylus Publishing, p. 3-12, 2001.

DURAND, T. *L'achimie de La compétence*. Revue Française de Gestion, 127(1), 84-102, 2000.

ENEMARK, S.; KJAERSDAM, F. A ABP na teoria e na prática: a experiência de Aalborg na inovação do projeto no ensino universitário. In: ARAÚJO, U. F.; SASTRE, G. (Orgs.). *Aprendizagem baseada em problemas no ensino superior*. São Paulo: Summus, p. 17-42, 2009.

FERRAZ, A. P. C. M.; BELHOT, R. V. Taxonomia de Bloom: revisão teórica e apresentação das adequações do instrumento para definição de objetivos instrucionais. *Gestão da Produção*, São Carlos, 17(2), 421-431, 2010.

FLEURY, A. C. C.; FLEURY, M. T. L. *Estratégias empresariais e formação de competências*. São Paulo: Atlas, 2000.

FLEURY, M. T. L.; FLEURY, A. Construindo o conceito de competência. *Revista de Administração Contemporânea*. Edição Especial, p. 183-196, 2001.

FREZATTI, F.; ROCHA, W.; NASCIMENTO, A. R.; JUNQUEIRA, E. *Controle gerencial*: uma abordagem da contabilidade gerencial no contexto econômico, comportamental e sociológica. São Paulo: Atlas, 2009.

FREZATTI, F.; MARTINS, D. B. PBL ou PBLs: a Customização do Mecanismo de Aprendizagem Baseada em Problemas na Educação Contábil. *Revista de Graduação USP*, 1(1), 25-34, 2016.

FREZATTI, F.; SILVA, S. C. Prática versus incerteza: como gerenciar o estudante nessa tensão na implementação de disciplina sob o prisma do PBL? *Revista Universo Contábil*, 10(1), 28-46, 2014.

FREZATTI, F.; BORINELLI, M. L.; MARTINS, D. B.; ESPEJO, M. M. S. B. Análise do desempenho de alunos na perspectiva do "CHA" em disciplina utilizando PBL: o que significa a síntese? *Revista de Contabilidade e Organizações*, 10(26), 3-19, 2016.

FREZATTI, F.; MARTINS, D. B.; MUCCI, D. M. *Widening the benefits of PBL*: how to identify a good problem created by students in application in management accounting? In. 39th Annual Congress of the European Accounting Association, 2016, Maastricht. 39th Annual Congress of the European Accounting Association, 2016.

GORDON, R. Balancing real-world problems with real- world results. *Phi Delta Kappan*, 79(5), 390-393, 1998

HANSEN, J. D. Using problem-based learning in accounting, *Journal of Education for Business*, 81(4), 221-224, 2006.

HMELO-SILVER, C. E. Problem-based learning: what and how do students learn? *Education Psychology Review,* 16(3), 235-266, September 2004.

REFERÊNCIAS

JOHNSTONE, K. M.; BIGGS, S. F. Problem-based learning: introduction, analysis, and accounting curricula implications. *Journal of Accounting Education*, 16(3), 407-427, 1998.

KOLMOS, A.; GRAAFF, E. Characteristics of problem-based learning. *International Journal of Engineering Education*. 19(5), 657-662, 2003.

KOMATSU, R. S.; ZANOLLI, M. B.; LIMA, V.V. Aprendizagem baseada e problemas. In: MARCONDES, E.; GONÇALVES, E. L. (Coord.). *Educação médica*, São Paulo: Sarvier, p. 223-237, 1998.

LE BOTERF, G. *Desenvolvendo a competência dos profissionais*. Porto Alegre: Artmed, 2000.

LEWIN, K. Action research and minority problems. *Journal of social issues*, 2(4), 34-46, 1946.

LOPES, P. A; MARTINS, D. B. PBL: uma solução para integração e gerenciamento dos diversos tipos de projetos na engenharia civil. *Gestão & Tecnologia de Projetos*, 12(1), 53-65, 2017.

MACDONALD, R; SAVIN-BADEN, M. A briefing on assessment in problem-based learning. *LTSN Generic Centre*, Series n. 13, 2004.

MARCONI, M. D. A.; LAKATOS, E. M. *Fundamentos de metodologia científica*. 5. ed. São Paulo: Atlas, 2003.

MARKS-MARAN, D.; THOMAS, B. G. Assessment and evaluation in problem-based learning. In: GLEN, S.; WILKIE, K. *Problem-based learning in Nursing*: a new model for a new context? Palgrave Macmillan, p. 127-150, 2000.

MARTINS, D. B.; ESPEJO, M. M. S. B. *Problem-Based Learning – PBL no ensino de contabilidade*: guia orientativo para professores e estudantes da nova geração. São Paulo: Atlas, 2015.

MARTINS, D. B.; ESPEJO, M. M. S. B.; FREZATTI, F. Problem-Based Learning no ensino de contabilidade gerencial: relato de uma experiência brasileira. *Revista de Educação e Pesquisa em Contabilidade*, 9(4), 430-452, 2015.

MCCLELLAND, D. Testing for competence rather than for intelligence. *American Psychologist*, 28(1), 1-14, 1973.

MOESBY, E. Perspectiva geral da introdução e implementação de um novo modelo educacional focado na aprendizagem baseada em projetos e problemas. In: ARAÚJO, U. F.; SASTRE, G. (Orgs.). *Aprendizagem baseada em problemas no ensino superior*. São Paulo: Summus, p. 43-78, 2009.

MUCCI, D. M.; FREZATTI, F.; MARTINS, D. B. *Desempenhos e perfis dos estudantes*: o papel do CHA nos grupos de PBL. In. PBL 2016 International Conference, São Paulo. Problem-Based Learning and Active Learning Methodologies, 2016.

MÜHLFELDER, M.; KONERMANN, T.; BORCHARD, L. M. Design, implementation, and evaluation of a tutor training for problem-based learning in undergraduate psychology courses. *Journal of Problem-Based Learning in Higher Education*, 3(2), 37-61, 2015.

NOBRE, J. C. S. et al. Aprendizagem Baseada em Projeto (Project-Based Learning – PBL) aplicada a software embarcado e de tempo real. In. SIMPÓSIO BRASILEIRO DE INFORMÁTICA NA EDUCAÇÃO (SBIE) UNB/UCB, 17, 2006, Brasília. *Anais...* Brasília, p. 258-267, 2006.

NORTON, L. S. *Action research in teaching and learning*: A practical guide to conducting pedagogical research in universities. Routledge, 2009.

OSTERWALDER, A.; PIGNEUR, Y. *Business model generation*: a handbook for visionaries, game changers, and challengers. New Jersey: John Wiley & Sons, Inc., 2010.

OTT, E.; CUNHA, J. V. A.; CORNACCHIONE JÚNIOR, E. B.; DE LUCA, M. M. M. Relevância dos conhecimentos, habilidades e métodos instrucionais na perspectiva de estudantes e profissionais da área contábil: estudo comparativo internacional. *Revista Contabilidade & Finanças*-USP, 22(57), 338-356, 2011.

PAISEY, C.; PAISEY, N. J. Improving accounting education through the use of action research. *Journal of Accounting Education*, 23(1), 1-19, 2005.

PELLEGRINI, D. Avaliar para ensinar melhor. *Revista Nova Escola*. 1 jan. 2003. Disponível em: <https://novaescola.org.br/conteudo/395/avaliar-paraensinar-melhor>. Acesso em: 19 jan. 2018.

PERRENOUD, P. *Dez novas competências para ensinar.* Porto Alegre: Artes Médicas, 2000.

PINTO, G. R. P. R.; SANTOS, C. A. S.; PEREIRA, H. B. BAVPBL: uma ferramenta para auxiliar a sessão tutorial do método de Aprendizagem Baseada em Problemas. In. 1º Congresso Nacional de Ambientes Hipermídia para Aprendizagem (CONAHPA), 2004, Florianópolis-SC. *Anais...* Disponível em: <http://wright.ava.ufsc.br/~alice/conahpa/anais/2004/>. Acesso em: 25 mar. 2013.

RAMOS, M. N. Qualificação, competências e certificação: visão educacional. *Formação*, Brasília, 1(2), 17-26, 2001.

RIBEIRO, L. R. C. *Aprendizagem baseada em problemas (PBL)*: uma experiência no ensino superior. São Carlos: UduFSCAR, 2008.

REFERÊNCIAS

RIBEIRO, L. R. C.; MIZUKAMI, M. G. N. Uma implementação da aprendizagem baseada em problemas (PBL) na pós-graduação em Engenharia sob a ótica dos alunos. *Semina: Ciências Sociais e Humanas*, Londrina, 25, 89-102, set. 2004.

ROSA, A. P.; CORTIVO, L. D.; GODOI, C. K. Competências profissionais: uma análise da produção científica brasileira de 1999 a 2004. *Revista de Negócios*, Blumenau, 11(1), 77-88, jan./mar. 2006.

SANTOS, D. M. B.; PINTO, G. R. P. R.; SENA, C. P. P.; BERTONI, F. C.; BITTENCOURT, R. A. *Aplicação do método de aprendizagem baseada em problemas no curso de engenharia da computação da Universidade Estadual de Feira de Santana*. In. 35 Congresso Brasileiro de Educação em Engenharia, 2007.

SAVERY, J. R. Overview of problem-based learning: definitions and distinctions. *Interdisciplinary Journal of Problem-based Learning*. 1(1), 9-20, 2006.

SAVERY, J. R.; DUFFY, T. M. Problem-based learning: an instructional model and its constructivist framework. *Educational technology*, 35(5), 31-38, 1995.

SAVIN-BADEN, M. *Problem-Based Learning in Higher Education*: untold stories. Buckingham: SRHE and Open University Press, 2000.

SCHEIN, E. H. Process consultation, action research and clinical inquiry: are they the same? *Journal of Managerial Psychology*, 10(6), 14-19, 1995.

SCOTT, W. R. *Organizations*: Rational, natural, and open systems, 3rd ed.. Englewood Cliffs, NJ: Prentice Hall. Google Scholar, 1992.

SEBRAE. *Cartilha*: o quadro de modelo de negócios, 2013. Disponível em: <https://www.sebrae.com.br/sites/PortalSebrae/bis/quadro-de-modelo-de-negocios-paracriar-recriar-e-inovar,a6df0cc7f4217410VgnVCM2000003c74010aRCRD>. Acesso em: 19 jan. 2018.

SHERWOOD, A. L. Problem-based learning in management education: A framework for designing context. *Journal of Management Education*, 28(5), 536-557, 2004.

SIQUEIRA-BATISTA, R.; SIQUEIRA-BATISTA, R. Anéis da serpente: a aprendizagem baseada em problemas e as sociedades de controle. *Ciência & Saúde Coletiva*. 14(4), 1183-1192, 2009.

SMITH, G. F. Problem-based learning: can it improve managerial thinking? *Journal of Management Education*, 29(2), 357-378, 2005.

SOCKALINGAM, N. *Characteristics of problems in problem-based learning*. Tese (Doutorado em Filosofia)–Erasmus University, Roterdã, Holanda, 2010.

SOCKALINGAM, N.; SCHMIDT, H. G. Characteristics of problems for problem-based learning: The students' perspective. *Interdisciplinary Journal of Problem-based Learning*, 5(1), 3, 2011.

SOUZA, N. R.;VERDINELLI, M. A. Aprendizagem ativa em Administração: um estudo da aprendizagem baseada em problemas (PBL) na graduação. *Revista Pretexto*, 15(NE), 29-47, 2014.

SPENCER, L. M.; SPENCER, S. M. *Competence at work*: models for superior performance. New York: John Wiley & Sons, 1993.

STANLEY,T.; MARSDEN, S. Problem-based learning: does accounting education need it? *Journal of Accounting Education*, 30(3), 267-289, 2012.

SUSMAN, G. I.; EVERED, R. D. An assessment of the scientific merits of action research. *Administrative science quarterly,* 582-603, 1978.

TAN, O. S. *Problem-based learning innovation*: Using problems to power learning in the 21st century. Cingapura: Thomson Learning Asia, 2003.

THERRIEN, J.; LOIOLA, F. A. Experiência e competência no ensino: pistas de reflexões sobre a natureza do saber-ensinar na perspectiva da ergonomia do trabalho docente. *Educação & Sociedade*, 74(22), 143-160, abr. 2001.

THIOLLENT, M. *Pesquisa-ação nas organizações*. São Paulo: Atlas, 2009.

TRIPP, D. Pesquisa-ação: uma introdução metodológica. *Educação e pesquisa*, 31(3), 443-466, 2005.

VAN BERKEL, H. J.; SCHMIDT, H. G. Motivation to commit oneself as a determinant of achievement in problem-based learning. *Higher Education*, 40(2), 231-242, 2000.

VASCONCELOS,A. F.; CAVALCANTE, P. R. N.; MONTE, P.A. Uma análise das competências dos professores de ciências contábeis a partir do envolvimento em atividades de pesquisa e extensão. In. Encontro da ANPAD, XXXV, Rio de Janeiro, 4 a 7 de setembro de 2011. *Anais...* Rio de Janeiro, 2011.

WITTACZIK, L. S. Ensino por competência: possibilidades e limitações. *Atos de Pesquisa em Educação,* 2(1), 161-172, 2007.

WOOD, D. F. ABC of learning and teaching in medicine: problem-based learning. *British Medical Journal (BMJ)*, 326, 328-330, 2003.

WOODS, D. R. Helping your students gain the most from PBL. In. Asia-Pacific Conference on PBL, 2nd, Singapore, 4 to 7 December 2000. *Anais…* Cingapura, 2000.

REFERÊNCIAS

ZABALA, A.; ARNAU, L. *Como aprender e ensinar competências*. Porto Alegre: Penso, 2014.

ZARIFIAN, P. *Objectif compétence*. Paris: Liaisons, 1999.

ZWAAL, W.; OTTING, H. Aligning principles and practice in problem-based hospitality management education. *Journal of Hospitality, Leisure, Sport & Tourism Education*, 16, 22-29, 2015.

Pré-impressão, impressão e acabamento

GRÁFICA SANTUÁRIO

grafica@editorasantuario.com.br
www.graficasantuario.com.br
Aparecida-SP

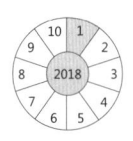